이 행성의 먼지 속에서

이 행성의 먼지 속에서
In The Dust of This Planet

철학의 공포

유진 새커 지음 ｜ 김태한 옮김

P 필로소픽

목차

일러두기

· 원저자의 주석은 미주로, 옮긴이의 주석은 각주로 달았다.

· 본문의 [   ] 안 내용은 옮긴이가 추가한 것이다.

· 외국 인명과 지명의 표기는 국립국어원 외래어 표기법을 따르되, 국내에서 널리 사용되는 표기 용례가 있으면 그대로 썼다. 도서, 영화, 잡지, 음반, 방송 프로그램 및 주요 개념의 원어는 처음 나오거나 주요하게 언급할 때 병기했다.

서문

무지의 구름

모든 개인의 생은 전체로서 일반적으로 본다면, 그리고 가장 중요한 특징들만 강조한다면, 진정 비극이다. 그러나 세부를 살펴보면, 희극의 특징을 보인다.

— 아르투어 쇼펜하우어

그대의 육신은 '아무 데도 없고' 영혼은 '어디에나 있다.' (…) 이 무無를 측량하지 못하더라도 심려하지 말라. 분명 나는 이것을 훨씬 더 사랑하니까.

—《무지의 구름》[*]

세계는 갈수록 사유 불가능해져 간다. 범지구적 재난, 유행병 출현, 지각변동, 이상기후, 기름 덮인 바다 풍경, 은밀하지만 언제나 도사리고 있는 멸종 위협 등으로 가득한 세계. 매일매일의 관심, 필요, 욕망에도 불구하고, 우리가 그 일부로서 살아가는 세계를 이해하기는 나날이 어려워진다. 이런 관념에 맞닥뜨리는 것은, 곧 세계를 합

---

* *The Clouds of Unknowing*. 14세기에 익명의 저자가 중세 영어로 저술한 기독교 신비주의 계열의 저서이다.

당하게 이해하는 우리 능력의 절대적 한계에 맞닥뜨리는 것이다. 언젠가부터 이런 관념은 공포 장르의 핵심 모티프가 되었다.

이 책의 목표는 이런 '사유 불가능한 세계'라는 모티프를 통해, 철학과 공포의 관계를 탐구하는 것이다. 보다 구체적으로 말하자면, 다양한 인접 분야(악마학, 오컬티즘,* 신비주의)와 겹치는 철학이 소설, 영화, 만화, 음악, 기타 미디어에서 나타나는 초자연적 공포 장르와 맺는 관계를 탐구하려 한다. 그러나 철학과 공포의 이런 관계가 '공포의 철학the philosophy of horror'이라는 의미여서는 안 된다. 그런 경우에는 문학이나 영화 장르로서의 공포가 엄밀한 형식적 체계로서 제시된다. 오히려 여기서 철학과 공포의 관계는 그 정반대인 **철학의 공포**the horror of philosophy를 의미한다. 이는 철학이 자신의 한계와 제약을 누설하는 저 순간들, 즉 불가사의하게도 사유가 사유 자체의 가능성의 지평†에 부딪히는 순간들을 분별해내는 것이다. 그것은 철학이 비철학적 언어로만 표명할 수 있는 저 사유 불가능성의 사유이다. 초자연적 공포 장르는 이처럼 역설적인 사유 불가능성의 사유가 일어나는 특권적 장소이다. 앞선 시대라면 암흑 신비주의darkness mysticism나 부정신학negative theology의 언어로 묘사했을 것을, 우리 시대는 초자연적 공포의 측면에서 사유하는 것이다.

이 책에서 철학과 공포가 서로 관계하는 수단은 '세계'라는 관

---

* occultism. 초자연적 힘이나 존재에 대한 믿음, 지식, 활용 등을 포함하는 다양한 이론과 실천을 뜻한다.
† 이 책에서 '지평horizon'은 주로 '한계'를 의미한다.

넘이다. 그러나 세계의 의미는 세계 내에서 살아가는 주관적 경험부터, 지질학적 조건에 대한 객관적이고 과학적인 연구에 이르기까지 다양할 수 있다. 세계는 인간적이면서 비인간적non-human이고, 인간 중심적이면서 비의인적non-anthropomorphic이고, 때로는 심지어 인간 혐오적이다. 오늘날 철학이 직면한 최대 도전 중 하나는, 아마 우리가 사는 세계를 동시에 인간적**이면서** 비인간적인 세계로 이해하는 것, 그리고 이것을 정치적으로 이해하는 것이리라.

한편으로 우리는 우리가 사는 세계를 점점 더 비인간적 세계, 저 밖의 세계로 의식하고 있다. 이러한 세계는 지구적 기후변화, 자연재해, 에너지 위기, 전 세계적으로 진행되는 멸종이라는 결과에서 분명히 드러난다. 다른 한편으로 이런 모든 결과는 직접적이든 간접적이든 이 비인간적 세계의 일부로서 살아가는 우리 삶과 결부된다. 따라서 이러한 도전에는 모순이 내장되어 있다. 우리는 세계를 인간적 세계로 사유하지 않을 수 없다. 그것을 사유하는 자가 바로 우리 인간이라는 사실 때문이다.

그러나 이런 딜레마가 꼭 새롭지는 않다. 철학은 이런 비인간적 세계의 문제로 거듭 회귀해왔다. 오늘날 철학계에서는 이런 딜레마를 '상관주의',* '가속주의',† "대기 정치"‡ 등으로 부르겠지만,

---

* correlationism. 인간은 사유와 존재의 상관관계에만 접근할 수 있을 뿐, 존재 자체에는 접근할 수 없다는 철학적 입장이다.

† accelerationism. 근본적인 사회적 변화를 일으키기 위해 자본주의나 기술의 발전을 '가속'해야 한다는 입장이다.

‡ atmospheric politics. 지구 대기를 둘러싸고 벌어지는 정치를 통칭하며, 특히 대기를 공유재로 보아야 한다는 정치적 실천을 의미하기도 한다.

과거 철학자들은 다른 말로 표현했다. '세계-내-존재'*의 문제, '능동적' 허무주의와 '수동적' 허무주의의 이분법, '이성의 이율배반'†에서의 인간 사유의 한계 등이 그런 용어이다.

세계 그 자체가 격변 속에서 재난의 형태로 드러날 때, 어떻게 우리는 세계를 해석하거나 세계에 의미를 부여하는가? 서양 문화에 이런 사유의 전례가 있다. 고전기 그리스에서 이런 해석은 주로 **신화적**이었다. 예컨대 그리스 비극은 숙명과 운명의 문제를 다룰 뿐 아니라, 이를 통해 낯익은 동시에 낯선 세계, 우리의 통제하에 있는 동시에 신들의 노리개인 세계를 환기한다. 이에 비해 중세 및 근대 초기 기독교의 대응은 주로 **신학적**이었다. 유서 깊은 종말론 문헌의 전통은 물론, 악의 본성에 관한 스콜라 철학의 주해도, 비인간적 세계를 구원이라는 도덕적 틀 안에서 주조한다. 근대성에서는 과학의 패권, 산업자본주의, 그리고 니체가 예언했던 그 유명한 신의 죽음이 교차하는 가운데, 비인간적 세계는 다른 의의를 얻었다. 근대성에서 이런 대응은 주로 **실존적**이다. 근대과학, 첨단 기술, 산업자본주의와 탈산업자본주의, 그리고 세계대전들에 비추어, 개인과 인간 집단의 역할을 의문시하는 것이다.

---

* Being-in-the-world, In-der-Welt-Sein. 철학자 마르틴 하이데거가 사용한 용어로, 인간과 세계가 주관과 객관으로서 대립하는 것이 아니라, 인간 즉 현존재 Dasein는 늘 이미 세계 내에 있다는 뜻이다.

† antinomies of reason. 칸트 철학에서 이율배반은 인간 이성의 한계로 말미암아 상충하는 철학적 주장들(정립과 반정립)이 모두 동등한 권리를 가지고 주장되므로, 어느 한쪽만 옳다고 결정할 수 없다는 뜻이다.

현대의 냉소주의자(오랫동안 나도 스스로를 냉소주의자라고 묘사했다)는 이 모든 해석적 틀의 껍데기만 변했을 뿐, 우리가 여전히 이런 틀에 의거해 살고 있다고 대답할 것이다. 신화적 틀은 엄청난 예산을 들여 컴퓨터로 영화와 파생 상품을 만들어내는 문화산업의 소재가 되어버렸다. 신학적 틀은 정치적 이데올로기와 광신적 종교 분쟁 속으로 퍼져나갔다. 실존적 틀은 자기계발과 소비를 통한 치료법으로 개조되었다. 하지만 여기에 일말의 진실이 있더라도, 이보다 중요한 것은 이 모든 신화적·신학적·실존적 해석의 렌즈가 지니는 가장 기본적인 전제이다. 그것은 이 세계를 인간 중심적 세계로 보는 것, 인간적 문화 안에서 살아가고 인간적 가치에 지배되는 인간 존재인 '우리에 대한' 세계로 보는 것이다. 물론 고전기 그리스에서는 이 세계가 완벽하게 인간의 통제하에 있진 않다고 인정했다. 하지만 인간과 비슷한 생명체들과 그 자신이 질투, 탐욕, 쾌락의 지배를 받는 너무나 인간적인 신들이 모인 만신전pantheon에서 이 비인간적 세계를 의인화하곤 했다. 기독교의 틀에 대해서도 같은 말을 할 수 있다. 기독교의 틀도 (천사와 악마, 사랑과 학대를 오가는 아버지 신 등으로) 초자연을 의인화하는 것은 마찬가지이지만, 악과 죄 그리고 내세에서의 죄 사함이라는 도덕경제*의 틀 안에서 세계의 질서를 다시 주조한다. 그리고 과학적 결정론과 종교적 결정론 둘 다에 맞서 선택, 자유, 의지라는 윤리적 원칙을 강조

---

* moral economy. 보통은 규범이나 도덕이 경제에서 하는 역할을 중시하는 접근 방식을 뜻하지만, 여기에서는 도덕적 요소들의 사용과 순환의 특정 구조를 뜻한다.

하는 근대의 실존적 틀은, 궁극적으로 세계 전체를 개인적 인간 주체의 유아론적이고 불안이 들끓는 소용돌이로 쪼그라뜨린다. 한마디로 비인간적 세계가 이러한 양의적兩意的 방식으로 우리에게 드러날 때, 우리의 대응은 대개 이런 비인간적 세계를 당대의 지배적인 인간 중심적 세계관 안으로 다시 가져오는 것이다. 대체 우리 인간이 어떻게 이 세계를 달리 이해할 수 있단 말인가?

그러나 범지구적 기후변화에 관한 현재 진행 중인 토론으로부터 얻는 가장 큰 교훈은, 이런 접근이 더는 합당하지 않다는 것이다. 그 대신 우리는 이러한 비인간적 세계의 문제를 사유하기 위해 새로운 용어를 제시할 수 있다. 우리가 사는 이 세계를 **우리에-대한-세계**world-for-us라고 부르자. 이는 우리 인간이 해석하고 의미 부여하는 세계이자, 우리가 관계를 맺거나 소외되었다고 느끼는 세계이며, 우리가 그 일부인 동시에 인간으로부터 분리된 세계이다. 그러나 이런 우리에-대한-세계는 물론 인간의 필요와 욕망의 범위 안에 완전히 속해 있진 않다. 세계를 우리에-대한-세계로 주조하려는 우리의 시도에 맞서, 세계는 종종 '반격하고' 저항하고 무시한다. 이런 세계를 **세계-자체**world-in-itself라고 부르자. 이것은 접근 불가능하고 이미 주어진 상태에 있는 어떤 세계이다. 그 이후에 우리는 이것을 우리에-대한-세계로 변화시킨다. 세계-자체는 역설적 개념이다. 우리가 그것을 사유하고 그에 따라 행동하려는 순간, 그것은 세계-자체이기를 그치고 우리에-대한-세계가 된다. 이런 역설적인 세계-자체의 중요한 부분은 과학적 탐구에 기반한다. 이러한 탐구는 세계에 대한 과학적 지식의 생산이면서, 그 세계에 따라

행동하고 개입하는 기술적 수단이기도 하다.

우리에-대한-세계가 아닌 무언가가 저 바깥에 있더라도, 그리고 우리가 이것을 세계-자체라고 명명할 수 있다고 해도, 이 세계-자체는 사유의 지평을 구성한다. 가지성可知性의 한계 너머로 늘 물러나는 것이다. 애석하게도 세계-자체가 자연재해의 형태로 드러날 때에야, 우리는 세계-자체를 가장 강렬하게 떠올린다. 기후변화의 장기적 영향에 관한 토론도 이렇게 세계-자체를 떠올리게 한다. 이러한 토론에는 멸종이라는 유령이 은밀하게 어른거리기 때문이다. 우리는 고도의 예측 모델을 활용하여, 우리 인간이 멸종하면 세계에 어떤 일이 일어날지까지 상상했다. 따라서 우리는 세계-자체를 결코 경험할 수 없지만, 거의 숙명적으로 그것에 이끌리는 듯하다. 그것은 아마 우리 인간이 누구인가를 규정하는 어떤 한계일 것이다.

이 기괴하고 사변적인 세계를 **우리-없는-세계**world-without-us라고 부르자. 우리-없는-세계는 어떤 의미로 우리가 논리적 역설의 악순환에 빠지지 않으면서 세계-자체를 사유하도록 허용한다. 세계-자체는 우리에-대한-세계와 공존할 것이다. 사실 인간은 바로 이런 구분을 간과하는 인상적인 능력으로 정의된다. 이와 대조적으로 우리-없는-세계는 인간적인 우리에-대한-세계와 공존할수 없다. 우리-없는-세계는 세계로부터 인간을 뺀 것이다. 우리-없는-세계가 인간에 대해 적대적이라고 말하는 것은, 인간의 관점에서, 즉 우리에-대한-세계의 관점에서 이런 사태를 표현하려는 시도이다. 우리-없는-세계가 인간에 대하여 중립적이라고 말하는 것은, 세계-자체의 관점에서 이런 사태를 표현하려는 시도이다. 우리-없는-세계는 그 사이 어딘가에, 비인격적인 동시에 무시무시한 흐릿한 지대에 있다. 우리-없는-세계는 문화적 개념인 만큼이나 과학적 개념이다. 그리고 이 책이 보여주고자 하듯, 우리-없는-세계를 사유하려는 시도와 우리-없는-세계에 관한 난해한 사유와 정면으로 마주하려는 시도가 가장 빈번하게 발견되는 곳은, 바로 초자연적 공포 장르와 과학소설이다.

어떤 의미에서 오늘날 진정한 도전은 우리에-대한-세계의 새롭거나 진보한 형태를 찾는 것이 아니고, 세계-자체의 객관성이라는 환영을 쉼 없이 추구하는 것도 아니다. 진정한 도전은 우리-없는-세계라는 이 수수께끼 같은 개념을 직시하는 것, 그리고 왜 이 우리-없는-세계가 우리에-대한-세계 및 세계-자체의 그림자 속에서 끈질기게 지속되는지를 이해하는 것이다. 나아가 우리는 이 세 개념을 더 축약해서 쓸 수도 있다. 즉 간략하게 우리에-대한-세계는 **세계**World, 세계-자체는 **지구**Earth, 우리-없는-세계는 **행성**Planet이라고 쓸 수 있는 것이다. 현상학에서는 우리가 인간 주체로서 세계 내에서 존재하는 동시에 세계가 우리에게 드러나는 방식을 서술하기 위해, "세계"와 "세계 현성現成"*이라는 용어를 자주 쓴다. 이와 달리 우리는 '지구'가 하나의 대상으로서의 세계에 관한 모든 지식

---

* worlding, welten. 하이데거의 개념인 '세계 현성'은 세계가 단순히 대상들의 총체가 아니라, 세계-내-존재인 현존재에게 드러나는 것이라는 뜻이다. '세계화'로도 번역되지만, 사회과학적 의미의 세계화globalization와 구별하기 위해 '세계 현성'으로 옮긴다.

을 포괄한다고 이해한다. 이러한 지식은 지질학, 고고학, 고생물학, 생명과학, 대기과학(기상학, 기후학) 등등을 통해 이루어진다.

그렇다면 '행성'은 무엇인가? 세계(우리에-대한-세계)는 인간 중심적 존재 양식을 함축할 뿐 아니라, 비인간의 애매한 영역 혹은 우리에 대한 것이 아닌 애매한 영역을 가리키기도 한다. 우리는 이를 일반적 의미에서 우리가 통제하거나 예측할 수 없는 것으로 이해할 수도 있고, 좀 더 구체적인 용어인 오존이나 탄소발자국 등등으로 이해할 수도 있다. 그러므로 세계는 은연중에 지구로 통한다. 그러나 '그 지구'조차 단지 스스로를 드러내는 어떤 것이 우리에게 주어진다는 것을, 혹은 그 어떤 것 자체가 표본을 모으고 데이터를 산출하고 모델을 생산하고 정책을 토론하는 데 활용될 수 있다는 것을 가리키는 말이다. 그러나 필연적으로 설명할 수 없고, 측량할 수 없으며, 숨겨지고 은닉된occulted 채 남겨진 다른 특징들이 있다. 스스로를 드러내는 무언가는 그 스스로를 전부 드러내지는 않는다. 아마 이 잉여가 '행성'일 것이다. 행성은 문자 그대로 주관적 세계 너머에서 움직이지만, 객관적 지구 뒤로 물러나기도 한다. 여러 행성 중의 한 행성planet인 이 행성Planet은 사태의 규모를 지구적 틀에서 우주적 틀로 이동시킨다. 그러나 행성이 여전히 또 다른 주관적이고 관념론적인 구성물인지, 혹은 객관성을 지니며 그 자체로 설명될 수 있는지는 해소할 수 없는 딜레마이다. 이러한 행성 개념에서 중요한 점은 그것이 부정적 개념으로 남는다는 점, 한마디로 인간 '이후'에 남는 것이라는 점이다. 따라서 행성은 비인격적이고 익명적이라고 서술할 수 있다.

철학의 맥락에서 오늘날 핵심적인 물음은, 사유가 언제나 인간적 관점의 틀 내에서 규정되는가이다. 우리에게 열린 다른 대안은 무엇인가? 한 가지 접근법은 세계의 '저기 바깥'에서 비인간의 상상적 장소를 찾기를 멈추고, 자아와 세계, 주체와 객체라는 진부한 이분법을 거부하는 것이다. 물론 말로는 쉬워도 행하기는 어렵다. 신화적 해석틀(고전기 그리스), 신학적 해석틀(중세 기독교), 실존적 해석틀(근대 유럽)에 더해서, **우주론적**이라고 부를 수밖에 없는 어떤 해석틀로 전환할 수 있는가? 이런 우주론적 관점이 단지 성간星間 공간으로부터의 관점이 아니라, 우리-없는-세계로부터의 관점, 즉 행성적 관점으로 이해될 수 있는가?

과학자들은 인간 신체에 있는 세포의 대략 90퍼센트가 비인간 유기체(박테리아, 균류, 그리고 다른 온갖 유기체)에 속한다고 추산한다. 왜 인간 사유는 그럴 수 없는가? 이 책은 어떤 의미로는 **사유는 인간적이지 않다**는 관념을 탐구한다. 어떤 의미에선 우리-없는-세계는 세계(우리에-대한-세계)나 지구(세계-자체) 바깥의 '저 멀리 저편'에서 발견되는 것이 아니다. 그것은 오히려 바로 세계와 지구의 틈새, 일탈, 공백에 있다. 암흑 신비주의의 표현을 빌리자면, 행성(우리-없는-세계)은 역설적으로 세계와 지구로 드러나는 "암흑의 가지적可知的 심연"이다.

따라서 이 책은 이러한 우리-없는-세계를 사유하는 문제에 주된 초점을 맞춘다. 그리고 이 책의 주장은 이 문제가 동시에 철학적이고 정치적이며 문화적인 문제라는 것이다. 그래서 이 책이 속하는 연작의 부제는 "철학의 공포"*이다. 그러나 여기에서 개념을 분명히 할 필요가 있다. '공포horror'라는 용어는 오직 소설, 영화, 만화, 비디오게임 등에서의 공포의 문화적 생산(혹은 '아트 호러')[†]만을 뜻하지는 않는다. 비록 공포 장르는 문화의 중요한 부분이고, 공포 장르에 관한 학문적 연구는 어떻게 책이나 영화가 그런 효과를 낳는지 이해하는 데 이바지하지만, 공포라는 장르 자체는 그것의 형식적 특징들의 총합 이상으로 여겨져야 마땅하다. 또한 나는 '공포'라는 말로 극영화, 뉴스 보도, 개인적 경험 등에서 나타나는 인간적인 두려움의 감정을 가리키지 않는다. 물론 이런 유형의 공포는 인간 조건의 중요한 부분이고, 다양한 목적을 이루기 위해 (윤리적·정치적·종교적인) 다양한 방식으로 영향력을 미칠 수 있다. 이 역시 연구할 만한데, 특히 리얼리티 텔레비전 문화에서 현실과 허구가 점점 겹치는 방식은 연구할 가치가 있다. 그러나 이런 의미의 '공포'는 인간의 이해관계와 우리에-대한-세계의 범위 안에 단단하게 매여 있다.

이러한 두 가지 통상적인 가정과 대조적으로, 나는 공포를 인간적 세계(우리에-대한-세계)에서의 인간적 두려움에 대해 다루는 것이 아니라, 인간의 한계에 관한 것으로 이해해보자고 제안한

---

* "철학의 공포Horror of Philosophy" 연작은 1권《이 행성의 먼지 속에서In the Dust of This Planet》(2011), 2권《생각하는 별들의 시체Starry Speculative Corpse》(2015), 3권《밤보다 긴 촉수Tentacles Longer Than Night》(2015)로 이루어져 있다.
† art horror. 여기에서 '아트 호러', 즉 '제작된 공포'는 영화나 소설 속에 오락을 위해 인위적으로 만들어진 괴물들이 등장하는 공포물을 뜻한다. 이에 비해 '자연적 공포natural horror'는 자연재해, 학살, 핵폭탄 등 실제로 존재하는 공포나 이를 재현하는 공포물을 뜻한다.

다. 인간이 단지 세계나 지구가 아니라 행성(우리-없는-세계)을 직면할 때, 이러한 한계가 드러난다. 또한 이는 공포가 단지 두려움에 관련된 것만이 아니라, 미지에 관한 불가사의한 사유에 관련된 것이기도 하다는 의미이다. H. P. 러브크래프트[*]의 유명한 말에 따르면, "인류의 가장 오래되고 강력한 감정은 두려움이고, 가장 오래되고 강력한 종류의 두려움은 미지에 대한 두려움이다." 공포는 사유 불가능한 것에 대한 역설적 사유와 관련된다. 우리-없는-세계라는 표현에 응축된 이런 사유의 한계를 다루는 한, 공포는 '철학적'이다. 그러나 우리-없는-세계를 어떤 한계로서 환기시키는 한, 공포는 (부정신학과 비슷하지만 신은 없는) '부정철학negative philosophy'이다.

간단히 말해 이 책의 주장은 **'공포'는 우리-없는-세계를 철학적으로 사유하려는 비철학적 시도**라는 것이다. 여기 문화라는 영역에서 비인격적이고 무심한 우리-없는-세계에 직면하려는 시도가 벌어진다. 즉 우리에-대한-세계와 세계-자체 사이에 있는 해소할 수 없는 구렁텅이를, 세계와 지구 사이에 있는 행성이라 불리는 저 공백을 직면하려는 시도가 벌어진다. 바로 이 때문에 이 책은 공포 장르를 철학(또는 어쩌면 "비철학non-philosophy")[1]의 한 양식으로 간주한다. 물론 무정형이고 어느 정도 유정有情[†]한 대규모의 원유가 행성을 장악하는 단편소설에는 아리스토텔레스나 칸트의 철학에

---

* Howard P. Lovecraft(1890~1937). 미국의 공포소설가로, 우주적 공포를 다룬 작가이자 크툴루 신화의 창조자로 유명하다.
† sentient. 감각, 통증, 지각, 지성 등 의식의 특질을 지닌다는 의미이다.

18

서 발견되는 유형의 논리적 엄밀함은 없을 것이다. 그렇지만 그와는 다른 방식으로 공포 장르가 하는 일은, 세계가 늘 우리에-대한-세계라는 철학적 탐구의 전제를 정조준하고 이러한 맹점을 자신의 핵심 관심사로 만드는 것이다. 그리고 이러한 맹점을 추상적 개념이 아니라, 안개, 점액, 얼룩, 질척거리는 물질, 구름, 분뇨 등의 형태를 한 온갖 믿기 어려운 생명이 나오는 우화집bestiary으로, 혹은 플라톤의 말처럼 "털, 진흙, 먼지"*로 표현하는 것이다.

---

* "hair, mud, and dirt." 플라톤의 《파르메니데스Parmenides》[《플라톤 전집 5》, 천병희 옮김, 도서출판 숲, 2016, 482쪽]에 등장하는 표현이다.

I

·

악마학에 관한 세 질문

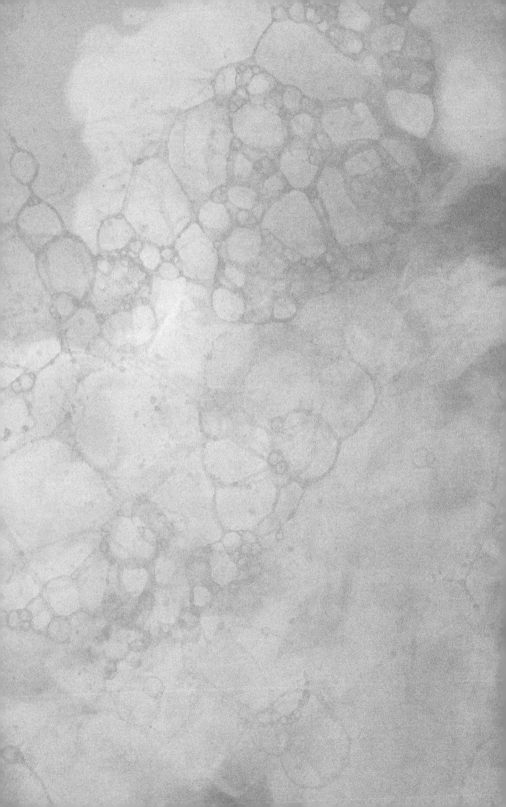

11세기에서 13세기 사이에 서양철학은 대부분 당시 새롭게 생겨나고 있던 대학에서 발전했다. 그리고 이견도 적지 않지만, 그중 다수 대학은 교회와 제도적으로 연결되어 있었다. 이 '스콜라적' 사유의 시대 동안 도입된 여러 담론 형식은 근대 철학의 기초를, 그리고 그 철학이 근대 대학과 맺는 약한 연결의 기초를 이루었다. 예를 들어서 **강독**lectio은 근대적 '강의'의 전신이고, **토론**disputatio은 근대 교실에서의 논쟁이나 토론의 전신이다. 중세 법학 대학에서 유래한 **질문**quæstio 혹은 '물음'은 정전으로 여겨지는 법률 텍스트 및 그에 첨부된 주석을 서로 비교하는 체계적 방법으로서 발전했다. 다른 지역이나 시대에 발달한 동일한 법률 사이에서 모순이 발견되었을 때, 이는 어떤 질의 혹은 '질문'을 야기한다. 이런 질의나 질문의 목적은 그 모순을 어떻게든 종합하거나 조정하는 것이었다.

12세기에 이르러 철학자와 신학자는 이런 질문을 교육에 포함시켰다. 이를 보통 신학적 문제와 관련되거나 그로부터 유래하는 주제에 대해 체계적으로 탐구하는 방식으로 활용했던 것이다. 이것이 아리스토텔레스의 논리학 저술들에 대한 연구의 부활과 결합되면서, 어떤 개념에 대한 거의 탐정같이 꼼꼼한 조사로 이어졌다. 예를 들어 이런 점은 토마스 아퀴나스 저술에서 잘 나타난다. 그러나 질문을 사용하는 데 엄격한 규칙은 없었다. 아퀴나스는 때로는 질문을 《대전Summa》('요약' 또는 요강)의 더 넓은 얼개에 포함시키기도 했고, 때로는 (《악론De Malo》* 에서처럼) 질문 자체를 저술의 얼개로 삼기도 했다.

이어지는 내용에서는 악마나 악마성에 관한 연구라고 알려진 악마학demonology과 폭넓게 관련되는 세 가지 **질문**을 제기한다. 역사적으로 보아 악마는 악행을 하도록 유혹하는, 뿔이 나고 염소수염을 기른 [파우스트 전설의] 메피스토펠레스와는 거리가 멀다. 악마는 종교적이고 정치적인 만큼이나 철학적인 개념이다. 사실 '악마'는 인간(즉 우리에-대한-세계)에 적대하는 행동을 하는 어떤 사악한 비인간 행위자agency를 위한 자리지기†인 경우가 많다.

아퀴나스 같은 사상가들의 방법을 차용하여, 각 질문에서 주제를 진술하는 간단한 구성을 활용할 것이다. 주제를 둘러싼 가설에 관한 토론(**논항**articulus), 반대 논리에 관한 토론(**반론**sed contra), 어떤 중도나 해법을 발견하려는 시도(**답변**responsio)가 그것이다. 말할 필요도 없이, 이는 자주 미결 상태인 채 더 많은 질문으로 끝날 것이다.

---

* 《악론》의 정식 제목은 《악에 관한 논쟁적 질문Quaestiones disputatae de malo》이다.
† placeholder. 꼭 필요한 자리place를 차지하고hold 있지만, 그 자체의 의미는 없는 요소를 뜻한다. 언어학에서는 가주어나 가목적어 등을 뜻하고, 논리학이나 수학에서는 어떤 대상으로 채워질 빈자리에 들어가는 기호를 뜻한다.

질문 Ⅰ—블랙메탈에서 단어 '블랙'의 의미에 대하여

논항

대중문화에는 악마가 넘쳐난다. 그렇지만 우리가 악마를 믿어온 지는 더 오래되었다(적어도 그렇다고 우리 스스로에게 이야기한다). 실로 우리는 계몽된 과학기술 시대에 살고 있지만, 또한 '후기 세속 post-secular' 시대에 살고 있기도 하다. 이 시대에는 종교, 신학, 신비주의의 주제가 종종 잘 느껴지지 않게 우리의 세계에 다시 침투한다. 좋은 예가 블랙메탈*이다. 블랙메탈은 단지 음악 장르만이 아니라, 하나의 하위문화이다. 그리고 종교적 극단의 세계에서 악마와 악마성을 사유하는 한 가지 방식이다. 비록 블랙메탈 밴드는 공포에 대한 체계적 철학 같은 것을 좀체 내세우지 않지만, 블랙메탈의 음악, 가사, 도상圖像, iconography은 (모두 모호하지만) 악마와 악마성의 초기 관념을 돌아보기에 알맞은 방식이다. 어떻게 보면 '철학의 공포'를 탐구하는 출발점으로 블랙메탈만큼 좋은 것은 없다.

분명 음악 장르에 대한 논의는 흔히 그 장르의 본질을 구성하는 것과 그렇지 않은 것이 무엇인지를 중심으로 벌어지곤 한다. 그리고 의견이 충돌하는 경우, 일반적인 해결책은 그저 그 장르를 하위 장르들로 나눠버리는 것이다. 메탈 음악도 예외가 아니어서, 하루하루 메탈의 하위 장르가 점점 더 생겨난다. 이제 메탈의 수식어

---

* black metal. 메탈 음악의 하위 장르인 블랙메탈은 빠른 템포, 비명 같은 보컬, 심하게 왜곡된 기타 소리 등이 특징이다.

는 헤비heavy[무거운]뿐만 아니라, 데스death[죽음], 스피드speed[속도], 그라인드grind[분쇄], 둠doom[파멸], 퓨너럴funeral[장례], 그리고 물론 블랙까지 있다. 즉 음악 장르로서의 헤비메탈에 대한 논의는 풍성하지만, 하나의 하위 장르를 다른 하위 장르와 구분하는 온갖 형용사, 일단의 개념과 방향성을 오도하는 그 형용사들에 대한 논의는 많지 않다.

예를 들어 블랙메탈의 '블랙black'은 무엇인가? 블랙메탈에 대한 통상적인 연상에 따르면, 흑마법, 악마, 마법, 늑대인간lycanthropy, 강령술, 악의 본성, 그리고 음산하고 침울한 모든 것에 관계한다는 폭넓은 이유로 블랙이라고 불린다. 블랙메탈이 블랙인 이유는 (적어도 일각의 주장에 따르면) 태도와 음악 형식 양자에서 가장 극단적 형태의 메탈 음악이기 때문이다.

이러한 모든 연상 중에서 눈에 띄는 한 가지는, 바로 블랙메탈이 사탄주의Satanism 및 마왕*의 모습을 연상시키는 것이다. 사실 **'블랙 = 사탄주의'**라는 등식은 블랙메탈을 정의하는 요소로 여겨지는 듯하다. 이것은 명백히 축소된 의미이므로, 나중에는 철회할 것이다. 그러나 우선 번역과 용어의 복잡한 역사에 유념해야 한다. 즉

---

* the Devil. 기독교 신학에서 'devil'은 하느님에게 대적하다가 쫓겨난 타락 천사를 뜻하며, 여기에서는 주로 '악마'로 옮긴다. 한편 'Satan'이나 'the Devil'은 'devil'의 우두머리를 뜻하며, 전자는 '사탄'으로 후자는 문맥에 따라 '마왕'이나 '악마'로 옮긴다. 이에 비해 'demon'은 주로 고대 이교異敎에서 신과 사람 사이의 중간 존재이다. 가령 고대 그리스 철학자 소크라테스는 자신을 지혜로 이끌어준 어떤 신령한 존재를 '다이몬daemōn'이라 불렀다. 문맥에 따라 '악마', '악령', '혼령' 등으로 옮긴다.

'사탄' 혹은 '하사탄'*이라는 용어가 히브리어 성서(여기서 이 용어는 신앙을 시험하는 천사 같은 신성을 가리킨다)부터, 코이네 그리스어 70인역 성서†와 불가타 라틴어 구약성서‡까지 거쳐온 역사를 고려해야 하는 것이다. 신약성서의 복음서에 나타나기 전까지, 사탄의 형상은 보통 인류 자체보다는 유일신에 대적하는 사악한 형상으로 묘사된다. 유구한 기독교 역사의 각기 다른 시점마다, 신과 인류의 보편적 적대자로서의 마왕이라는 형상에는 다른 이름들이 주어졌고, 사탄은 그중 하나일 뿐이다. 그리고 블랙메탈에서 '블랙'은 대개 이 형상과 동일시될 것이다. 물론 메탈 음악의 하위 장르 중에서, 그리고 음악 장르 전반에서, 블랙메탈만 이러한 연상을 일으키진 않는다. 이러한 연상은 로버트 존슨§의 음악, 〈카르미나 부라나 Carmina Burana〉,¶ 블랙사바스 같은 밴드에서 쉽게 발견된다. 그러나 사탄주의는 블랙메탈과 매우 두드러진 개념적 연관을 이룬다.

　그러니 일단 '블랙'을 '사탄적'이라는 의미로 생각해보자. 이는

---

* ha-satan. '사탄'의 어원으로서, '적대자'를 의미하는 히브리어다.
† Septuagint. 히브리어 구약성서를 기원전 3세기에서 기원전 1세기까지 코이네 그리스어로 번역한 판본이다. 코이네 그리스어Koine Greek는 기원전 4세기 무렵에 성립된 고대 그리스어로, 신약성서를 기록하는 데 사용되었다.
‡ Latin Vulgate of the Old Testament. 코이네 그리스어 구약성서를 5세기 초 불가타 라틴어(대중 라틴어)로 번역한 판본이다.
§ Robert Johnson(1911~1938). 미국의 블루스 기타 연주가이자 작곡가이다. 활동 당시 악마에게 영혼을 팔아 음악적 재능을 얻었다는 소문이 돌자, 스스로 그 소문을 소재로 삼은 곡을 발표하여 잘 알려졌다.
¶ Carmina Burana. 독일 작곡가 카를 오르프Carl Orff(1895~1982)가 중세 시가집을 바탕으로 작곡한 세속 칸타타로, 1937년 초연되었다.

개념적으로 무엇을 의미하는가? 우선 중세 및 초기 르네상스 시대의 사탄 개념을 출발점으로 삼는다면, '블랙 = 사탄주의'라는 등식은 대립opposition과 전도轉倒, inversion의 구조에 의해 지배된다. 대립은 악마성과 신성 모두를 규정한다. '천상의 전쟁War in Heaven'이 그러한데, 이는 〈요한계시록〉에서 매우 생생하게 묘사되고 밀턴의 《실낙원》에서 극적으로 표현되었다. 또 중세 교회는 대립 구조에 따라 원수에 대적한다고 규정된다. 교회 공의회는 종교법이나 종교의 정치적 권위를 위협하는 마법부터 강령술에 이르는 다양한 활동에 원수의 배역을 부여했다. 따라서 이 대립은 신학적인 만큼이나 정치적이며, 초기 르네상스 시대의 악명 높은 마녀사냥, 종교적 박해, 종교재판을 낳았다. 이러한 대립의 양상에 있어서 '블랙 = 사탄적'이라는 등식은 '하느님에 대한 대적', '주권자에 대한 대적', 나아가 '신성에 대한 대적'을 의미한다.

그러나 19세기에 들어와 사탄주의의 이미지는 다른 형태를 띤다. 어떤 의미에서 19세기 이전에는 사실상 사탄주의가 있었다고 말할 수도 없다. 적어도 나름의 의례, 문서, 상징이 완비된 조직적 대항종교로서의 사탄주의에 대해서는 말이다. 이 시기 이전에 사탄주의라고 부를 만한 것으로는 교회에 의해 법률적으로 규정된 이단이 있다. 이단은 특수한 종류의 위협이다. 이단은 완전한 불신앙의 위협이 아니라, '그릇된' 신앙의 위협이기 때문이다. 그와 대조적으로 낭만주의, 혁명, 그리고 고딕 미학과 데카당스 운동 미학이 종교에 도전한 이후인 19세기 유럽에서는, 현대의 사탄주의와 보다 유사한 것이 발전했다. 이는 중세 및 초기 르네상스의 판본과는 뚜렷하게 다르고, 20세기 후반에 구체화된 형태(예를 들어 안톤 라베이*의 사탄 교회)와도 분명히 다르다. 이처럼 좀 더 형식을 갖춘 '시적詩的' 사탄주의는 대립뿐만 아니라 전도로도 작동했다. 이는 샤를 보들레르의 당시 추문을 일으킨 시 〈사탄의 연도連禱〉(1857)에 잘 나타난다.† 이 사탄주의는 의례에 있어서는 물론 이념적으로도 교회에 대립한다. 이는 19세기 맥락에서 오컬티즘, 마법, 심지어 강신론‡ 분파와도 겹친다. 이 시적 사탄주의의 핵심 면모 중 하나는 조리-카를 위스망스§의 소설 《저 아래Là-bas》(1891)에서 열광적으로 묘사하기도 했던 악명 높은 흑미사Black Mass이다. 이 묘사는 작가가 참석한 실제 흑미사에 바탕을 둔 것으로 알려져 있다. 신성 모독적인 반反기도부터 성적인 성체 모독에 이르기까지, 흑미사의 모든 요소는 가톨릭 장엄미사High Mass를 정확하게 전도하고자 한다.

만약 블랙메탈의 '블랙'을 '사탄적'이라는 의미로 받아들인다면, 그것이 어떻게 대립(중세의 '이단적' 변형)과 전도(19세기의 '시

---

* Anton LaVey(1930~1997). 1966년 사탄 교회Church of Satan를 창설한 작가이자 음악가이다.

† 〈사탄의 연도Les Litanies de Satan〉[〈악마의 연도〉, 《악의 꽃》 2판, 윤영애 옮김, 문학과지성사, 2021, 318~321쪽]는 "오, 그대, 천사 중 가장 유식하고 가장 아름다운 그대, / 운명에 배신당하고 찬양을 빼앗긴 신"으로 시작하면서, 사탄과 신의 지위를 전도시킨다.

‡ spiritualism. 죽음 후 육체가 소멸해도 영혼은 존재하므로, 사망자의 영혼과 교신할 수 있다는 사상 및 종교 운동이다.

§ Joris-Karl Huysmans(1848~1907). 프랑스의 소설가이자 미술비평가이다. 초기에는 자연주의 문학을 추구했지만, 이후 《거꾸로》, 《저 아래》 등에서 자연주의를 벗어나 데카당으로서의 면모를 드러내며 주목을 받았다.

적' 변형)라는 개념적 구조를 상징하는지 알 수 있다. 이러한 연상에 따르면, 자연적 세계와 초자연적 힘 사이의 관계를 대립과 전도를 실행하는 수단으로 볼 수도 있다. 이 경우 '블랙'은 거의 하나의 기술, 즉 암흑의 재주dark technics에 가깝다. 특히 흑마법의 토대는 마법사의 능력, 즉 빛에 맞서 어둠의 힘을 활용하고 다른 신앙에 맞서 일련의 신앙을 활용하는 능력이다.

반론

반면에 블랙메탈을 듣는 사람에게는, 모든 블랙메탈 밴드가 '블랙 = 사탄적'이라는 등식에 들어맞지는 않는다는 게 명백하다. 비기독교적 틀을 토대로 하는 블랙메탈 밴드도 많다. 이들은 북유럽 신화에서 고대 이집트의 비의秘儀에 이르는 온갖 것을 다룬다. 그렇다면 다르게 접근하여, 블랙메탈 속 단어 '블랙'에 또 다른 의미를 부여할 수도 있다. 바로 **'블랙 = 이교적'**이다. 우리는 이 의미도 다시 철회할 것이지만, 당분간은 '블랙 = 사탄주의'라는 의미와 대조시켜 이에 대해 생각해보자.

우선 이교 신앙paganism은 기독교에 대해 부정적이거나 반동적인 양식이라기보다는, 전혀 다른 세계관, 근본적으로 기독교 이전의 세계관을 의미한다. 역사적으로 다양한 형식의 이교 신앙은 기독교가 유력한 종교적·법률적·정치적 세력으로 떠오른 것과 겹친다. 다신교적 (때로는 범신론적) 세계관인 이교 신앙은 교회의 교리적 주권과 극명한 대조를 이루었다. 이 때문에 교회가 애매하게 이단이라고 부르는 것들 안에는 종종 이교 신앙의 형식들도 들어가 있었다. 르네상스 전성기에는 연금술에서 샤머니즘에 이르는 폭넓은 활동이 일반적으로 이교 신앙과 관련이 있었다. 장미십자회,[*] 프리메이슨,[†] 헤르메스주의,[‡] 그리고 19세기의 신지학[§]이나 강신론의 사상은 모두 이교적 세계관과의 관련성을 주장했다. 이러한 몇몇 운동의 영역과 시야는 기독교 자체보다 훨씬 광범위하다. 예를 들어 블라바츠키 여사와 루돌프 슈타이너[¶]의 저서는 전형적으로 초超문화적이고 초超역사적이다. 블라바츠키의 《베일 벗은 이시스 Isis Unveiled》(1877)나 《비밀 교리The Secret Doctrine》(1888) 같은 책은 고대의 신비주의 종파부터 현대의 초자연적 연구에 이르는 온갖 것을 다루면서, 제임스 프레이저의 《황금가지The Golden Bough》(1890) 같은 인류학 고전에서 발견되는 일종의 범지구적 관점을 제시한다.

비록 이러한 다양한 형식의 이교 신앙은 가끔 전통적 유대-기독교 세계관과 겹치지만, 사회적으로 주변화되고 때로는 지하의 비

---

* Rosicrucianism, 17~19세기 유럽의 비밀결사로서, 그리스도의 부활과 구원을 뜻하는 장미와 십자가를 문장으로 사용했다.
† Freemasonry. 1717년 영국에서 결성된 비밀결사로서, 신비주의, 인문주의, 이신론理神論 등에 토대를 둔다.
‡ Hermeticism. 르네상스 시대의 고대 신화에 기반을 둔 신비주의 유파로서, 헤르메스 트리스메기스투스Hermes Trismegistus라는 신 혹은 신비로운 현인의 가르침을 중심으로 신성과의 합일을 추구한다.
§ theosophy. 19세기 미국에서 헬레나 블라바츠키Helena Blavatsky(1831~1891)를 중심으로 확립된 신비주의 사상이다.
¶ Rudolf Steiner(1861~1925). 인지학Anthroposophy을 창시한 오스트리아 사상가로서, 예술, 교육, 의학 등의 영역에서 광범한 운동을 이끌었다.

밀결사로 밀려나는 일이 더 잦다. 여기서 앞서 본 '블랙'이 사탄주의를 연상시키는 것과의 중요한 차이를 알 수 있다. 사탄주의는 대립과 전도를 통해 작동하지만, 이교 신앙은 지배적인 기독교 체제에 의한 배제exclusion와 타자화alterity에 연관된다. 이단은 주로 교회 내부의 위협으로 치부되는 데 비해, 이교 신앙은 경우에 따라 전혀 다른 체제, 즉 외부의 위협이다. 도상마저 다르다. 악마를 불러내는 주문이나 흑미사 대신, 물활론적animistic 자연, 원소와 지구의 힘, 아스트랄광과 아스트랄체[*] 등의 이미지가 있다. 또 인간과 동물, 인간과 식물, 인간과 자연 자체를 오가는 변신이라는 이미지가 있다. 이교 신앙은 항상 자연과 그 물활론적 힘의 '편을 든다'. 마법사는 자연을 도구로 사용하는 자가 아니라, 자연력을 전달하는 전도체에 가깝다. 사탄주의에서는 빛에 대항해 어둠의 힘을 도구화하려 하지만, 이교 신앙에서는 마법이 곧 기술이고 기술이 곧 마법이다. 엘리파 레비[†]의 《고등 마법의 교리와 의식Dogme et Rituel de la Haute Magie》(1855) 같은 작품은 오컬트의 지식, 이론, 실습에 대한 진정한 지침서로 읽혔다. 따라서 사탄주의에서의 암흑의 재주와 대조적으로, 이교 신앙에는 암흑의 마법dark magic이 있다.

---

[*] 몇몇 신비 사상에서 '아스트랄광astral light'는 모든 빛과 에너지와 운동의 매개체로 상정되는 빛이며, '아스트랄체astral body'은 영혼과 신체 사이에 있다고 상정되는 물체로서 '성기체星氣體'라고도 번역된다. 여기서 '아스트랄astral'은 '별의 기운'을 의미한다.

[†] Éliphas Lévi(1810~1875). 프랑스의 낭만주의 시인이자 오컬티스트로서, 근대 유럽의 마법 부흥을 상징하는 인물이다.

답변

지금까지 블랙메탈 문화에서 단어 '블랙'이 지닐 수 있는 두 가지 의미를 살펴보았다. '블랙 = 사탄주의'와 '블랙 = 이교 신앙'이 그것이다. 전자는 대립과 전도의 구조이고, 후자는 배제와 타자화의 구조이다. 그러나 이 두 가지 구조는 자연이나 자연력에 대한 인간 지향적 관계라는 점에서 얼마간 일치한다. 사탄주의에는 어둠의 힘과 빛의 힘을 대립시키는 암흑의 재주가 있고, 이교 신앙에는 자연의 편에 서는 암흑의 마법이 있다. 둘의 차이에도 불구하고, '블랙'의 이런 의미는 사탄주의와 이교 신앙의 한 가지 공통점을 가리킨다. 바로 세계에 대한 인간 중심적 관점이다. 세계는 사탄주의에선 우리를 위해 도구로서 사용되도록 존재하고, 이교 신앙에선 우리를 이롭게 하는 힘으로서 우리 안에 존재한다. 다양한 형태의 이교 신앙은 세계에 대해 물활론이나 범신론의 관점을 취하면서도, 바로 그 세계의 힘에 대한 지식과 활용이라는 수단도 옹호한다. 따라서 자아는 세계와 일체를 이루는 동시에 세계로부터 분리된다. 인간적 관점은 '블랙'의 두 가지 의미(사탄주의와 이교 신앙) 모두에서 사고의 한계인 듯하다.

'블랙'에 이를 넘어서는 또 다른 의미가 있을까? 있다. 그러나 그런 의미가 존재할지언정, 그에 대해 생각하기는 어렵고 알기는 거의 불가능하다(실은 그것의 비존재에 대한 사유는 존재하지만, 그것 자체는 존재하지 않는다). 우리가 언급했듯 단어 '블랙'의 사탄주의와 이교 신앙에서의 변형은 비록 인간의 모든 이해를 넘어서는 어떤 힘이 이 세상에 있다고 상정하지만, 그럼에도 둘 다 최소한이나마 인간의 관점과 여전히 관련된다. 그 결과 어둠의 힘은 어떤 식으로든 항상 (어둠을 다스리거나 어둠의 '편을 드는') 인간 존재인 '우리에 대해' 있다. 사탄주의와 이교 신앙의 변형은 모두 인간 중심주의적 맥락을 지닌다. 이에 반해 '우주적cosmic'이라고 할 만한 세 번째 입장은 이 맥락을 포기하려 한다. 이 입장에 따르면 이 세계는 오로지 익명적이고 비인격적인 '그 자체in itself'이다. 우리가 세계를 바꾸고 만들고 개선하고 심지어 구하려고 무슨 일을 하더라도, 이 세계 '그 자체'는 우리 인간에게 무심하다. 보다 구체적으로 말하자면 이는 그저 우주적 관점이 아니라, 일종의 '우주적 비관주의Cosmic Pessimism'이다. 우주적 비관주의의 시각은 우리-없는-세계의 묘한 신비주의이고, 심연의 헤르메스주의이며, 예지적 오컬티즘*이다. 이는 세계가 순전히 몰인간적unhuman이고, 개인이나 집단의 희망, 욕망, 분투에 무심하다고 여기는 난해한 사고이다. 이런 사고의 극한은 절대적 공허의 관념인데, 이는 핵전쟁, 자연재해, 세계적 유행병, 기후변화에 의한 대재앙을 다루는 수많은 대중매체 이미지에서 무의식적으로 표현된다. 이것들은 분명 우주적 비관주의의 이미지 혹은 유령으로서, 과학적·경제적·정치적 현실과는 다르면서도 이런 현실의 기저를 이룬다. 그럼에도 불구하고 이 이미지는 우리의 정신 깊이 내재해 있다. 또 이런 유령을 넘어, 멸종의 사

---

* '예지적noumenal'은 칸트가 인간의 지성으로 알 수 있는 현상계 너머, 신의 지성으로만 알 수 있는 '사물 자체Ding an sich'의 세계를 가리킬 때 쓰는 말이다. 따라서 '예지적 오컬티즘noumenal occultism'은 인간의 인식능력을 초월해 있는 신비로운 '세계-자체'의 존재와 힘을 추구하는 사상을 뜻한다.

유가 있다. 멸종은 곧 인간이 전혀 없다고 생각할 단 한 명의 인간도 없고, 모든 사유의 부정을 생각할 사유마저 없다는 뜻이므로, 이는 사실 불가능한 사유이다. 따라서 '블랙'이라는 용어의 다른 의미로 '블랙 = 우주적'도 가능할 것이다. 혹은 '**블랙 = 우주적 비관주의**'가 더 나을 것이다.

우주적 비관주의의 계보는 신학적이기보다는 철학적이다. 그 가장 위대하고도 심술궂은 지지자는 아르투어 쇼펜하우어*였다. 이 인간 혐오자는 당대의 교리 종교와 민족주의 정치뿐만 아니라 철학도 조롱했다. 쇼펜하우어는 한평생 칸트의 꼼꼼한 체계도, 피히테와 셸링과 헤겔의 자연-낭만주의도 불만스러워 했다. 쇼펜하우어는 진정 세계를 있는 그대로 생각하려면, 철학의 가장 기본적인 전제에 도전해야 한다고 말한다. 근대 경험과학의 중심을 이루는 이런 전제에는 자아와 세계라는 진부한 이분법뿐만 아니라, 충족이유율(모든 것에는 존재할 만한 이유가 있다)†도 있다. 쇼펜하우어에 따르면, 우리는 존재하는 어떤 것에는 존재 이유가 없을 수도 있다는

---

* Arthur Schopenhauer(1788~1860). 독일의 철학자로서, 대표적 저서로는 《의지와 표상으로서의 세계Die Welt als Wille und Vorstellung》(1818)[전면개정판, 홍성광 옮김, 을유문화사, 2019]가 있다.

† Principle of Sufficient Reason. 라이프니츠Gottfried W. F. Leibniz(1646~1716)가 제창한 논리학의 기본 원리로서, 모든 존재에는 그것이 존재할 만한 충분한 이유가 있다는 것, 혹은 존재할 만한 충분한 이유가 없는 존재는 없다는 것이다. 쇼펜하우어는 《충족이유율의 네 겹의 뿌리에 관하여Über die vierfache Wurzel des Satzes vom zureichenden Grunde》(1813)[김미영 옮김, 나남출판, 2010]에서 이에 대해 반론을 제기했다.

가능성을 고려해야 한다. 또는 주체와 객체의 분열도 마찬가지로 우연히 우리가 지식이라고 부르게 된 어떤 것의 이름일 뿐일 수도 있다. 또는 더더욱 난해한 사유지만, 자아와 우주, 소우주와 대우주에 혹여 어떠한 질서가 있다고 한들, 이런 질서는 우리의 실존에 전적으로 무심하며 우리는 그 질서에 대해 부정적 의식만 가질 수 있다는 가능성도 받아들여야 한다.

쇼펜하우어는 우리가 할 수 있는 최선의 일은 부정적인 것의 지속성에 대해 생각하는 것이라고 지적한다. 그는 (재현, 관념, 개념 등을 뜻하는) 표상Vorstellung이라는 단어를 사용하여 이 부정적 의식을 기술한다. 이것은 우리가 (주관적 경험이나 심미적 재현을 통해) 이해하는 대로의 세계, 혹은 (실천적 지식이나 과학적 관찰을 통해) 우리에게 나타나는 대로의 세계에 대한 의식이다. 어느 경우에든 세계는 여전히 우리에-대한-세계, 즉 표상으로서의 세계이다. 이것 바깥에 무엇인가 있는가? 논리적으로는 있어야 한다. 모든 긍정적인 것은 부정적인 것을 필요로 하기 때문이다. 쇼펜하우어는 이처럼 바깥의 실존하지 않는 무언가를 (의욕, 충동, 힘을 뜻하는) 의지Wille라고 부른다. 이것은 개별적 인간의 자유의지나 행위 따위가 아니라, 땅속 깊은 곳에서 별자리 배열까지 이르는 모든 것을 관통하는 추상적 원리를 뜻한다. 그러나 그 자체는 아무것도 아니다.

하지만 낭만주의 시대를 살았던 동시대인과 달리, 쇼펜하우어는 이 추상적인 의지가 비인격적이고 맹목적이며 욕구나 욕망과 무관하다고 여긴다. 우리에-대한-자연nature-for-us은 없으며, 하물며 자연의 편을 드는 것 따위는 없다. 게다가 의지는 그 자체가 '무無'이며, 표상으로서의 세계 한가운데 있는 심연이다. 비인격적인 무로서의 의지는 어떤 부정과 불가분의 관계인데, 이 부정은 역설적으로 세계를 구성하면서도 근본적으로는 의지 자체조차 부정하는 것('무의지'가 되는 것)이다. 쇼펜하우어는 결성적缺性的 무nihil privativum(빛의 부재인 암흑, 생명의 부재인 죽음)에 부정적 무nihil negativum(긍정적 가치가 전혀 없는 공허)를 대질시킨다.《의지와 표상으로서의 세계》의 마지막 몇 마디는 그 의미가 모호하지만, 무에 대한 역설적 긍정을 응축한다.

> 의지로 가득한 모든 사람에게는 의지를 전폐한 후 남는 것이 바로 무이다. 하지만 그와 반대로 의지 자체를 전복하고 거부한 사람에게는 모든 태양과 은하가 있는 우리의 현실 세계야말로 무이다.[1]

쇼펜하우어는 이런 종류의 형이상학적 인간 혐오, 우주적 비관주의에서 독보적인 인물이다. 심지어 쇼펜하우어를 자신의 "스승"이자 위대한 반反철학자 중 한 명이라고 상찬하는 니체 같은 사상가조차, 쇼펜하우어의 비관주의를 보다 강력하고 생기론적인 "힘에의 의지"로 회복시키려 한다. 쇼펜하우어의 비관주의는 인간적 비관주의(예를 들어 정체성 위기나 신앙의 상실과 같은 너무나 인간적인 절망)가 아니다. 그것은 사유 자체가 항상 사유의 한계에 봉착하는 방식이자, 긍정적 지식을 부정적 지식으로 뒤집는 경첩 같은 것이다. 쇼펜하우어에 필적하는 사람은 철학자가 아니라 H. P. 러브크래프트 같은 초자연적 공포 작가이다. 러브크래프트가 쓰는 이야기는 그가 "우주적 외부cosmic outsideness"라고 칭하는 것에 대한 감각을 일깨운다.

> 세상에서 가장 다행스러운 일은, 인간이 자기 마음속의 모든 내용을 연결시킬 능력이 없다는 것이리라. 우리는 무한이라는 어두운 바다 한가운데 있는 무지라는 정온한 섬에 살고 있다. 이것이 우리가 멀리까지 항해해 나가야 한다는 의미는 아니다. 각자 나름의 방향으로 뒤틀리며 나아가는 여러 과학은 지금까지는 그리 해악을 끼치지 않았다. 하지만 언젠가 분열된 지식들이 짜 맞춰지면, 현실의 진정 무시무시한 전망이, 그리고 그 안에 있는 우리의 끔찍한 처지가 드러날 것이다. 그러면 우리는 그 폭로 때문에 미쳐버리거나, 아니면 이 치명적인 빛으로부터 도망쳐서 새로운 암흑기의 평화와 안전을 찾으려 할 것이다.[2]

요약하자면 대립/전도와 암흑의 재주를 지닌 사탄주의나, 배제/타자화와 암흑의 마법을 지닌 이교 신앙이 아닌, '블랙'의 또 다른 의미가 있다. 그것은 부정, 공허, 비인간이라는 암흑의 형이상학 dark metaphysics을 지닌 우주적 비관주의이다.

'블랙'의 이러한 다양한 개념적 측면이 블랙메탈 문화와 관련하여 의미하는 것은 무엇인가? 얼핏 보기에 블랙메탈 밴드는 단어 '블랙'의 이런 세 의미 중 하나에 속할 것 같다. 예를 들어 다크스론Darkthrone의 《트란실바니안 헝거Transilvanian Hunger》, 엠퍼러

Emperor의《래스 오브 더 타이런트Wrath of the Tyrant》, 고르고로스 Gorgoroth의《펜타그램Pentagram》, 메이헴Mayhem의《데 미스테리스 돔 사타나스De Mysteriis Dom Sathanas》등의 앨범에서 나타나듯, 오래된 스타일의 노르웨이 블랙메탈은 블랙의 사탄적 의미에 맞는 듯하다. 울베르Ulver의《나텐스 마드리갈Nattens Madrigal》, 일디야른Ildjarn의《포레스트 포에트리Forest Poetry》, 스트리보르그Striborg의《미스티리어스 셈블런스Mysterious Semblance》, 울브스 인 더 스론 룸Wolves in the Throne Room의《다이어뎀 오브 트웰브 스타스 Diadem of Twelve Stars》등에서 드러나듯, 다른 블랙메탈 밴드들은 블랙의 이교적 의미에 들어맞는 것 같다. 선 O)))sunn O)))의《그림 로브 데모스Grimmrobe Demos》의 미니멀리즘부터 월드Wold의《스트래티피케이션Stratification》의 노이즈의 벽*에 이르는 블랙메탈의 몇몇 형식적 실험은 심지어 블랙의 우주적 비관주의에 상응하는 음악을 제공한다고 할 수도 있다.

그러나 나는 비록 정도는 다를지라도, '블랙'의 세 번째 의미인 우주적 비관주의가 실은 앞선 모든 예시에 내포되어 있다고 주장하고자 한다.

이런 의미에서 우주적 비관주의의 가장 인상적인 예는 모든 메탈 장르의 바깥에 있다. 그것은 일본의 다중 악기 연주자이자 시

---

* wall-of-noise. 음악 프로듀서 필 스펙터Phil Spector가 발전시킨 혁신적 음향 기법으로서 다양한 악기 소리를 쌓아 사운드를 풍성하게 하는 '소리의 벽Wall of Sound'에 빗댄 표현으로, 여러 노이즈를 두텁게 쌓아올린 사운드를 가리킨다.

인인 신비주의자 하이노 케이지灰野敬二의 작품이다. 하이노의 앨범 《소, 블랙 이즈 마이셀프So, Black is Myself》는 선 O)))를, 혹은 러스트 모드Lustmord 같은 다크 앰비언트[*] 예술가를 뛰어넘는 감산적減算 的 미니멀리즘을 활용한다. 하이노의 접근법은 노[†]부터 트루바두르[‡] 의 노래까지 모든 기법을 차용하는 절충이다. 70분이 살짝 안 되는 앨범인 《소, 블랙 이즈 마이셀프》는 내내 톤 제너레이터[§]와 음성만 사용한다. 유일한 가사는 다음과 같은 곡 제목뿐이다. "암흑의 기도 가 완전히 끝날 때 생겨난 휘몰아치는 희열 속에 사는 나를 축복할 지혜Wisdom that will bless I, who live in the spiral joy born at the utter end of a black prayer." 이 곡은 음울하고 우르릉거리고 깊이 울려 퍼지며 명 상적이다. 이따금 톤 제너레이터와 하이노의 목소리가 하나로 합쳐 지기도 하고, 어떤 때에는 서로 갈리어 불협화음이 된다. 하이노의 목소리는 거의 저조파에 가까운 성가聖歌부터, 아마 굶주린 밴시[¶] 만 낼 수 있을 법한 섬뜩한 가성까지 넓은 음역에 걸쳐 있다.

하이노의 퍼포먼스는 우주적 비관주의의 극단적으로 몰인간 적인 측면을 보여주는 예시이다. 그리고 키르케고르가 "반감적 공 감이자 공감적 반감"이라고 묘사했던, 불안dread이라는 비인격적

---

* dark ambient. 전자 음악 장르의 하나로서, 음울한 분위기와 선율의 불협화음이 특 징이다. 일부는 블랙메탈과 관련이 있다.

† 能. 일본의 전통 가무극으로, 연기자가 반주에 맞추어 춤을 추는 가면극이다.

‡ Troubadour. 11~12세기 프랑스 남부의 음유시인을 말한다. 세속가곡으로 궁정 연애를 노래했다.

§ tone generator. 특정한 진폭, 주파수, 파형을 지닌 전자음을 발생시키는 기기이다.

¶ banshee. 아일랜드 전설에 등장하는 여자 유령이다.

정동情動을 보여주는 예시이다. 또한《소, 블랙 이즈 마이셀프》는 신비주의적인 동시에, 그 속에서 한 개인 연주자가 (음성, 공간, 악기가 서로 화음이나 불협화음으로서 다채롭게 존재하는) 음조의 그물 속으로 해체되기도 한다. 《소, 블랙 이즈 마이셀프》는 블랙메탈의 핵심이기도 한 형이상학적 부정을 상기시킨다. 마치 쇼펜하우어의 부정적 무를 음악 형식으로 제시하듯, 궁극적으로는 일종의 음악적 반형식anti-form을 취하여 그 자신까지 부정하는 것이다.

질문 Ⅱ - 악마가 있는지,
그리고 그것을 어떻게 알 수 있는지에 대하여

논항

악마가 실제로 존재하는가는, 여러 문화에서 어떤 형태로든 초자연적 힘을 인정하는 것을 통해 입증되는 듯하다. 이는 다양한 정도로 동물의 모습을 띠거나 의인화되며, 모든 인간(때로는 세계 자체)에 대한 전반적인 적의를 드러낸다. 비교신화학과 비교종교학 연구자들은 이러한 여러 유형의 악마 사이의 유사점과 차이점을 밝히는 데 크게 공헌했다. 이슬람 신학과 이슬람 이전 신화 속의 진,[*] 히브리어 성서의 세이림,[†] 유대-기독교 전통에서 악령의 군대는 모

---

[*] jinn. 아랍 종교에서 영적 존재를 뜻한다.《천일야화》에 등장하는 램프의 요정인 지니도 여기에서 유래한다.

[†] Se'irim. 히브리어로 염소 인간의 모습을 한 악마의 한 종류를 지칭한다.

두 유신론적 세계관 내에서 드러나는 특정한 초자연적 적의를 증언한다. 이에 상응하는 악마나 악마 같은 존재에 대한 또 다른 견해는 아프리카, 폴리네시아, 아메리카 원주민의 다양한 민속 전통에서, 그리고 힌두교와 불교의 수없이 많은 신에서 제시된다(예를 들어 《티베트 사자의 서》에서는 중음계中陰界의 일부로서 "분노한 신들의 출현"을 볼 수 있다).

그러나 기술적으로 진보하고 과학이 지배하며 종교적으로 보수적인 포스트-밀레니엄 세계에는, 악마 같이 상상에서나 나올 법한 것을 위한 여지가 거의 남지 않은 듯하다. 기껏해야 그런 상상의 나래를 펼칠 수 있는 곳은 (첨단 컴퓨터그래픽에 의해) 악마가 들끓는 영화, 텔레비전, 비디오게임 등의 문화산업에만 남아 있다. 문화산업에도 사탄주의 영화의 하위 장르가 있다. 〈핵산Häxan〉 같은 '다큐멘터리', 〈엑소시스트The Exorcist〉 같은 할리우드 영화, 〈하우스 오브 더 데블The House of the Devil〉 같은 최근 독립영화가 그 예이다. 이런 영화에서 구마驅魔나 빙의를 공들여 보여주는 장면은, 오늘날에 정신 질환으로 분류되는 것이 예전에는 악마의 현시顯示로 여겨졌다는 사실을 떠올리게 한다.

그렇지만 악마의 형상이 판타지와 공포 장르의 변두리로 밀려났는데도 불구하고, 여전히 끈질기게 지속되는 현상을 설명해야만 한다. 그 현상을 설명하는 한 가지 방식은, 악마를 초자연적인 것the supernatural과 자연적인 것the natural 사이의 관계라는 엄밀하게 신학적인 의미로 이해하지 않는 것이다. 그리고 그보다는 악마의 문화적 기능에 초점을 맞추어, 개인과 집단 사이의 다양한 관계에 대한 사고방식으로서 이해하는 것이다. 요컨대 악마의 형상은 오늘날에는 문자 그대로 받아들여지진 않을 수도 있지만, 어떤 인간학적 얼개 안에서 이해할 수 있다. 즉 인간 본성에 대한 은유이자 인간과 인간의 관계에 대한 은유(심지어 이 관계가 인간과 비인간의 경계라는 측면에서 표현될 때에도)로 이해하는 것이다.

사실 이 관점을 염두에 두면, 서양 문화 속 악마의 인간학을 개략적으로 서술할 수 있다. 그 설명은 고전기 그리스의 다이몬*에서 시작할 수 있는데, 이는 헤시오도스와 호메로스뿐 아니라 플라톤의 작품에서도 발견된다. 여기서 악마[다이몬]는 악의가 있거나 사악한 형상이 아니라 신성한 존재로서, 영감의 원천이 될 수도 있고 경고나 주의를 줄 수도 있다. 소크라테스가 자기 곁에는 항상 잘못된 행동을 하지 않도록 막아주는 "악마daimonion[다이모니온]"가 있다고 주장할 때, 그는 바로 이러한 악마의 보다 근본적인 의미를 언급한 것이었다. 어떤 의미에서 그리스의 악마는 신의 의지에 맞서는 인간의 자유의지와 운명이라는 고전적 주제와 매우 잘 어울린다.

악마를 악의적이고 사악한 힘과 연관시키는 것은, 이미 언급한 바와 같이 초기 유대교와 이슬람교 신학에서 생겨났다는 주장도 있지만, 가장 흔하게 이루어진 건 초기 기독교에서였다. 그 전형적인 예는 아타나시우스†의《성 안토니우스의 생애Life of Antony》에서 언급하는 유혹자로서의 악마이다. 사막에서 명상하는 동안, 안

---

* daimōn, δαιμων. 고대 그리스어로 보통 귀신, 수호신, 악마 등을 의미한다.
† Athanasius(293?~373). 4세기에 활동했던 그리스의 교부이자 성인이다.

토니우스는 거센 바람, 사티로스,* 켄타우로스† 등 온갖 모습으로 나타나는 악마에게 끈질기게 공격받는다. 사막의 동굴에 스스로를 가둔 안토니우스는 다시 악마에게 공격을 받는다. "악마는 마치 건물 사방의 벽을 부수어 그곳을 통해 들어오려는 듯, 야수와 파충류의 모습으로 변신했다."³ 고통을 무릅쓴 안토니우스의 고행과 기도는 흔들리지 않았고, 악마의 공격도 아무 소용 없었다. 악마의 유혹에 맞선 흔들림 없는 기도라는 이 모티프는 서양 미술에서 악마적인 것의 도상학적 이미지가 되었다.

서구 근대의 임상적이고 의학적인 관점으로 이동하면 흥미로운 변화가 생겨난다. 프로이트는 1923년 논문 〈17세기 악마 신경증A Neurosis of Demonical Possession in the Seventeenth Century〉에서, 무의식 작용에 관한 정신분석 연구의 관점에서 빙의에 관한 설명을 재구성한다. 빙의에 관한 역사적 설명이라는 측면에서 보면, 이 사례연구 자체는 주목할 만하진 않다. 여기에는 젊은 화가 크리스토프 하이츠만이 등장한다. 그는 1677년경에 한 사제를 만나 경련, 환각, 피해망상을 호소한다. 그 사제는 하이츠만이 예술가라는 것 외에 부적절한 점을 발견하지 못했지만, 당연하게도 그가 악마와 어울렸을지도 모른다고 생각했다. 이 신부의 사례연구와 마찬가지로, 프로이트의 분석 역시 주목할 만하진 않았다. 하이츠만의 망상

---

* Satyrs. 그리스 신화에 나오는 얼굴은 사람이고 머리에 뿔이 났으며 하반신은 염소의 모습을 한 괴물이다.
† Centaurs. 그리스 신화에 나오는 상반신은 사람이고 하반신은 말처럼 생긴 괴물이다.

이 아버지의 죽음에서 유래한다는 결론에 도달한 프로이트는, 악마를 응축된 "아버지의 대리자father-substitute"라고 말한다. 악마는 하이츠만의 비통한 상실의 대체물인 동시에, 권위를 갖춘 인물인 아버지의 부재가 초래한 위기이기도 하다. 정신분석학의 표준 해석에 따르면, 악마는 외재화된 투사이고, 소위 빙의는 실로 하이츠만 자신을 위한 치료적 제거의 한 형태인 것이다.

이에 대한 추가적인 치환, 즉 악마를 전적으로 신학적이거나 심리학적인 것이 아니라 사회학적인 것으로 치환하는 시도를 할 수도 있다. 여기서는 위협적인 타자의 대역이라는 악마의 정치적 측면이 두드러진다. 악마는 외부의 어떤 것, 따라서 동시에 위협적인 어떤 것을 가리키는 이름이자 자리지기이자 칭호이다. 이런 측면에 대한 좋은 예는 최근의 비교종교학 연구이다. 그중에서도 널리 읽힌 일레인 페이글스의 《사탄의 탄생The Origin of Satan》이 가장 명료한 요점을 짚는다. 악마는 악마화 과정과 떼어놓을 수 없으며, 이 과정은 종교적인 만큼이나 정치적이기도 하다. 악마성이 페이글스의 연구에서처럼 이교도(외부의 위협)를 가리키든, 비기독교 유대인(외부와 내부의 경계)을 가리키든, 혹은 결국에 기독교 내부의 이단 행위(내부의 위협)를 가리키든, 모두 어떤 타자에 이름을 붙인다는 모티프를 따른다.

만약 악마를 이런 인간학적 의미에서 인간과 비인간(비인간을 어떻게 해석하든 간에)의 관계로 받아들인다면, 악마가 역사적으로 얼마나 다양한 단계를 거쳐왔는지 알 수 있다. 기본을 이루는 고전기 그리스 · 로마의 악마는 우리의 조력자이자 방해자이다('내 곁의 악마'). 중세의 악마는 우리를 유혹하는 초자연적이고 중간적인 존재이다('나를 둘러싼 악마'). 근대의 악마는 정신분석을 통해 자연적이고 과학적인 것이 되었고 무의식의 간계妍計 안에서 내면화된다('나는 스스로에게 악마이다'). 마지막으로 현대의 악마는 적의의 사회적이고 정치적인 측면들을 적대 관계인 타자에게 다양한 방식으로 부여한 것이다('악마는 타인이다').

반론

악마에 대한 전통적이고 기독교 신학적인 전제로 돌아가 보자. 일반적으로 악마는 악의적이고 사악하다. 악마는 초자연적인 방법으로 인류에게 악을 행하는 초자연적 존재로 이해된다. 괴물, 공상적 생명체, 혹은 보이지 않고 비물질적인 어둠의 힘 등 무엇으로 제시되든 간에, 악마는 흔히 인간의 세계관 가장자리에 자리한다. 인간에 대한 적의와 초자연적 매개의 특정 형태라는 이중의 특징이 신학적 악마 개념의 핵심이다. 근대의 정신분석에 이르면, 적의는 (아마도 개인적 트라우마를 통해서) 내면화되고, 매개는 (예를 들어 임상적 편집증의 한 형태로) 의료화*된다. 그러나 이런 경우에도 해당 현상이 나타날 때, 적의는 마치 외부적인 것처럼, 매개는 마치 외부에서 온 것처럼 여겨진다. 보다 세속적이고 과학적인 틀 안에서이긴 하지만, 이 이중의 특징은 여전히 남아 있다. 여기서 '마치 … 처

---

* medicalization. 특정 문제에 대하여 의학의 틀을 적용하여 판단하고 개입하는 관행을 뜻한다.

럼as if'이 중요하다. 이 '마치 …처럼'이 과거에는 그저 '…인 것으로as is'로 받아들여졌기 때문이다.

이런 해석에서 악마는 인간에 대한 은유로서 기능한다. 인간의 자기 이해 능력이라는 의미에서, 그리고 한 인간과 다른 인간의 관계라는 의미에서 그렇다. 악마는 사실 초자연적 창조물이 아니라, 인간학적 모티프이다. 우리 인간 존재는 그 모티프를 통해 인간 스스로의 어두운 면을 투사하고 외면화하고 재현한다. 비록 이런 해석이 치료 기능을 할 수는 있겠지만, 악마에 대한 이 인간학적 해석에는 무언가 빠져 있다. 그것은 악마에게 핵심적인 적의는 비인간적 적의, 인간의 이해를 넘어선 적의라는 점이다. 이 적의는 자연적이지 않고 초자연적이며, 단지 물리적일 뿐만 아니라 형이상학적이기도 하다. 그러나 성서에서 악마를 명백히 의인화한 표현이 반복되는데, 어떻게 전통적이고 기독교 신학적인 악마를 비인간적이라고 할 수 있는가?

악마의 비인간적 측면을 이해하는 한 가지 방법은 악마를 초자연적인 것과 자연적인 것 사이의 중간적 창조물로 보는 엄밀한 신학적 관점을 취하지 않고, 악마의 존재론적 기능이라는 견지에서 인간과 비인간 사이의 관계를 사유하는 방식으로 이해하는 것이다. 물론 비인간non-human이라는 이 모호한 용어는 바위나 의자부터 우주 자체의 깊은 어둠에 이르기까지 광범위한 의미를 가질 수 있다. 그리고 우리 인간이 비인간과 관계하는 방법은 과학, 기술, 정치, 종교 등을 포함하여 놀랍도록 많다. 그러나 비인간은 정의상 어떤 한계로 남는다. 그것은 우리가 관계를 맺지만, 동시에 영원히 접근할 수 없는 것을 가리킨다. 이 한계는 미지의 것이다. 그리고 공포 장르에서 그렇듯, 미지는 보통 두려움이나 불안의 근원이다.

그러므로 악마에 대한 인간학적 해석과 대조를 이루는 **신화적** 해석을 생각해볼 수 있다. 우리가 사용하는 '신화적'이라는 말은 인간에 대한 인간적 이해를 넘어서, 그 대신 세계에 대한 인간적 이해로 나아가는 것을 암시한다. 악마에 대한 신화적 해석은 은유가 아니라 알레고리를 사용하는 데서 생겨난다. 알레고리에서는 세계를 이해하는 우리의 능력이나 무능력에 관한 바로 그 이야기가 침입, 빙의, 변신, 구마와 같은 의례적 행위에 응축된다.

이는 악마의 빙의에 대한 성서의 고전적 설명인 소위 게라사 Gerasa[거라사, 게르게사]의 악마 이야기에서 더욱 명확해진다. 〈마가복음〉 5장과 〈누가복음〉 8장의 이야기가 약간 다르지만, 이 우화의 기본적 내용은 같다. 예수는 제자들과 함께 갈릴리에서 게라사 지방(지금의 요르단 북부)으로 간다. 그곳에서 만난 마을 사람들은 악마에 빙의된 노인을 치유해달라고 호소한다. 그 빙의된 노인이 옷도 집도 없이 무덤 주변을 배회한다는 것이다. 마을 사람들이 쇠사슬로 붙들어 매면, 광란에 빠졌다가 이내 풀고 도망친다. 밤이 되면 악을 쓰면서 돌로 자해한다. 예수가 빙의된 노인을 대면하자, 그도 낫게 해달라고 호소한다. 예수는 구마의 일환으로 노인에게 빙의한 악마에게 이름을 말하라고 명령한다. "그때 예수께서 그에게 '너의 이름이 무엇이냐?'하고 물으시니, 그는 '내 이름은 군대이니, 우리가 많음이기 때문이다'라 답하였다."[4] "군대λέγων, Legion"라는 이름은 미묘하다. 이 구절만 보면 그것이 여러 목소리를 내는 하나의 악마인지, 아니면 하나의 목소리로 말하는 여러 악마인지 분명하지 않기 때문이다. 실제로 바로 이 "군대"라는 명사 자체가 '여럿'이 자신을 '하나'로 부르는 이름이라는 의미를 갖는 듯하다.* 그 후 예수는 노인의 몸에서 악마를 내쫓아, 근처 언덕에 있던 돼지 떼에 들어가게 한다. 악마에 빙의된 돼지 떼는 광란 상태에 빠진 채 절벽으로 달려가 바다에 뛰어들어 죽는다. 꽤 극적인 이 사건 이후, 흥미로운 일이 벌어진다. 이 광경을 처음부터 끝까지 목격한 마을 사람들은 예수와 그의 치유 능력이 두려워졌다. 그래서 예수와 제자들에게 마을을 떠나달라고 다급하지만 정중하게 부탁한다.

이 우화에서 악마는 세 가지 방법으로 등장하는데, 각각은 인간이 비인간을 이해하는 데 있어서의 한계를 보여주는 사례이다. 우선 빙의된 노인 안에는 수많은 악마가 있다. 악마의 빙의 자체가 '하나'와 '많음'의 정상적 관계(하나의 인격 = 하나의 신체)를 넘어선다. 그것은 또한 유일한 하나가 셋으로 현현한다는 삼위일체를 모욕하고 패러디한다. 창조주로서의 하느님은 수많은 피조물을 창조하고, 피조물은 창조 행위를 통해 하느님과 연결된다. 하지만 피조물은 반드시 죽는다는 점에서 하느님으로부터 분리되며, 시간성과 결부된 변화들에 뿌리내리고 있다. 이 우화에 나오는 수많은 악마는 최상의 피조물인 인간 개인을 점령하여 한낱 동물과 같은 존재로 만든다. 이 구절의 도상은 인상적이다. 추정컨대 악마의 진정한

---

* 'legion'은 '군대'라는 의미 외에도 '다수'라는 의미를 지니는데, 가령 'The problems are legion'은 '문제가 많다'는 뜻이다.

본성은 자신들을 담을 그릇으로 하찮은 짐승 무리를 선택하는 데에서 드러난다. 하지만 우화 전체에서 이 수많은 악마를 암시하는 단하나의 말은 수수께끼같이 울려 퍼지는 단어 "군대"이다. 이렇게 악마가 (현전하는 동시에 부재하는) 음성과 음향을 통해 자신을 드러내기를 택한 것은, 철학적 의미에서 눈여겨볼 만하다.

노인 속의 악마와 돼지 떼 속의 악마라는 두 가지 현시는 악마의 세 번째 현시로 이어진다. 그것은 마치 질병처럼 퍼지는 사람들 사이의 구전이다. 예수가 주권적이고 의학적인 권능을 드러낸 것은 사람들에게 어떤 공포를 불어넣었고, 그 결과 예수는 사실상 추방되었다. 이 장면은 뚜렷하게 근대적인 관점으로 살펴볼 수 있다. 이에 따르면 악마가 가하는 위협은 단순히 '하나'와 '많음'의 적절한 관계와 연관된 위상학적* 위협이 아니며, 창조주와 피조물의 적절한 관계와도 무관하다. 여기에는 또 다른 요소가 있는데, 악마가 신성한 주권에 도전하는 방식이 그것이다. 악마의 신성에 대한 도전은 조직되기를 완강히 거부하는 데 있다. 우리는 악마가 몇이나 되는지 알 수 없으며, "군대"라고 말하는 목소리가 둘 이상인지도 알수 없다. 우리가 알 수 있는 것은 악마가 둘 이상이라는 것, 그리고 '많음'과도 다른 어떤 것일 수 있다는 것뿐이다. '많음'은 그나마 셀수 있는 실체를 가리키기 때문이다. 어떤 의미에서 악마는 '많음' 이상이지만, 결코 '하나'를 이루지 않는다.

악마가 활동한 사례는 신약성서 여기저기 나타나지만, 악마

---

* topology. 공간의 구조적이고 관계적인 측면을 다루는 연구 방법을 뜻한다.

는 결코 같은 방식으로 재현되지 않는다. 예를 들어 〈요한계시록〉의 저 유명한 세상의 종말 장면은 천사와 악마의 전투뿐 아니라 복수하는 천사도 묘사하는데, 그 모습은 악마를 상당히 닮았다. 이러한 초자연적 피조물은 의인화되고, 심지어 고유의 기술까지도 지니고 있다. 즉 종말이 급습하면서 나팔, 폭풍, "재앙의 대접bowls of plague"이 등장하는 것이다. 이런 장면에서 악마/천사의 유일한 역할은 인간과 종교적이고 사법적인 관계(천벌을 내리거나 구원하는)를 맺는 것이다. 저울과 인장에서 대접까지 이르는 다양한 상징적 장치는 세상의 종말을 가져오는 기술이다. 여기서 악마는 **매개적 현전**mediated presence의 한 형태다.

이와 반대로 복음서의 구마 장면에서 묘사하는 악마는 매개되지 않고 단지 체화embodiment된다. "군대"라고 불리는 악마는 절대 그 자체로 현전하지 않고, (노인, 돼지 떼, 바람, 바다 같은) 지상에 체화된 어떤 형태로만 현전한다. 어떤 의미에서 자신을 간접적으로만 드러내는 이런 악마는 기이하게 범신론적이다. 그러므로 악마가 떠도는 영이라는 점에서, 악마의 체화는 탈체화disembodiment이기도 하다. 악마는 신적 감응이 아니라 악마적 전염에 의해 움직인다. 여기에서 악마는 **무매개적 부재**immediate absence의 한 형태다.

악마의 인간학적 의미는 (예를 들어서 '우리는 왜 이런 일을 하고 있는가?'라는) 인간 중심적이고 치료적인 유아론 내부에 안정적으로 자리 잡는 반면, 악마의 신화적 의미는 인간이 비인간을 아는 능력의 한계에 초점을 둔다. 그 한계에는 절대적 '암흑'의 악마라는 관념이 있다. 이 악마는 인간이 전혀 알 수 없어 활용할 수도 없는,

그렇지만 우리에게 영향을 미치는 듯한 어떤 것이다. 아마도 '악운'이나 '불운'이라고 부를 수밖에 없는 악의를 통해서.

· 답변

인간학적 악마가 인간의 본성을 인간에게 누설하려는 시도라면, 신화적 악마는 비인간을 인간에게 누설하려는 시도라고 말할 수 있다. 그러나 둘 다 인간적 관점에 의한 어떤 한계에 부딪힌다. 인간은 늘 자기 자신 혹은 세계와 관계를 맺는다. 그리고 이 두 유형의 관계는 서로 중첩된다. 인간이 인간을 이해하려면 반드시 인간을 관계 맺을 수 있는 어떤 객체로 변화시켜야 하고(심리학, 사회학), 인간이 객관적 세계 자체와 관계 맺으려면 반드시 세계를 인간적 관점에서 친숙하거나 접근 가능하거나 직관적인 것으로 변화시켜야 한다(생물학, 지질학, 우주론).

여기에는 또 다른 길이 열려 있는데, 그것은 비인간 자체의 관점이다. 생각하는 체화된 존재인 우리는 우리를 구성하는 주체-객체 관계에서 완전히 벗어날 수는 없다. 따라서 이것은 의심의 여지 없이 역설적인 이동이다. 사실 이 길은 애초부터 실패할 운명이다. 그렇지만 비록 그 너머에 침묵만 있다고 해도, 이 길은 언급할 가치가 있다. 게라사 악마의 우화에서 "군대"라고 불리는 악마를 본래 규정하는 속성이 몇 가지 있다. 악마는 '하나'도 '많음'도 아닌 그 사이 어딘가에 있다. 악마는 (거의 범신론적으로) 세계에 오롯이 내재한다. 그리고 가장 중요한 것은 악마 자체는 결코 현전하지 않으며, 우리가 가리킬 수 있는 개별적 존재가 결코 아니라는 점이다. "군대"라고 불리는 악마는 그 자체로는 실상 '무'이다.

　어쩌면 악마성의 어떤 의미는 인간 자체와 거의 관련이 없을지 모른다. 그리고 이러한 무심함이야말로 악마적 성격을 이루는 것이다. 인간학적 악마(인간 자신과 관계 맺는 인간)가 은유를 통해 기능하고, 신화적 악마(비인간과 관계 맺는 인간)가 알레고리를 통해 기능한다면, 이보다 존재론적인 혹은 실은 (존재보다 비존재와 관계를 맺는) '비존재론적인'* 세 번째 악마가 있을 것이다. 6세기에 신비주의 신학자 디오니시우스 아레오파기타†는 악마의 실존이 지닌 역설에 대해 논평하면서, "악은 존재가 아니다. 만약 존재한다면 전적으로 악하지 않을 것이기 때문이다. (…) 존재 사이에 악이 있을 곳은 없다"라고 말한다.[5]

　우리 인간이 수월하게 비인간 쪽으로 '건너갈' 수는 없다는 점을 감안하면, 이 세 번째 유형의 악마에게는 (이 세계의 추상적인 것, 무심한 것, 비존재 등을 대리하는 악마라는) 환유metonymy 같은 양식이 가장 적합할 듯하다. 그렇다면 악마는 비인간의 관점에 관해, 그 관점이 내포하는 온갖 모순까지 포괄하면서 말하는 한 가지 방식이다. 비존재론적 악마에게 긍정은 부정이고, 그것의 존재를

---

* '비존재론meontology'의 어원은 고대 그리스어 '비me, μή'와 '존재on, ὄν'이다. 이는 존재하지 않는 것에 대한 탐구라기보다는, 존재론 바깥에 남아 있는 것을 발견하려는 시도이다.

† 정확하게는 '디오니시우스 아레오파기타Dionysius the Areopagite'는 1세기경에 활동한 기독교 주교이자 성인이고, 여기서 말하는 인물은 5~6세기에 활동한 '위僞 디오니시우스 아레오파기타Pseudo-Dionysius the Areopagite'이다.

사유하는 것은 그것의 비존재를 사유하는 것과 같다.

악마에 대한 전형적 묘사 중 하나인 단테의 《신곡》 〈지옥편〉은 이 점을 매우 정교하게 제시한다. 그렇지만 〈지옥편〉의 악마는 한 종류만이 아니다. 사실 〈지옥편〉의 중심을 이루는 극적인 효과는 선악의 대결이 아니라, 〈지옥편〉 자체에 담긴 긴장에 있다. 예를 들어 〈지옥편〉에는 최소한 세 종류의 악마를 발견할 수 있다. 우선 하계下界의 중심이자 가장 낮은 곳에는 대악마 루시퍼가 있다. 이 부분은 안내자 베르길리우스가 (저자이자 등장인물인) 단테를 하계의 중심으로 이끄는 〈지옥편〉의 마지막 장면에 나온다. (저자) 단테는 이 서사시에서 거대하고 기괴하며 음침한 대황제 루시퍼("이 모든 음울한 영토의 황제")를 지칭하기 위해, 고전기의 하계의 신 플루톤의 이명異名인 "디스Dis"라는 단어를 사용한다.

이 대항주권자는 마치 신성한 주권자처럼 중앙집권적이고 초월적으로 통치한다. 그러나 이 대항주권자 악마는 사실 〈지옥편〉을 이루는 긴 여정에서 거의 아무 역할도 하지 않는다. 19세기 화가 귀스타브 도레*는 루시퍼가 등장하는 장면을 아주 세밀하게 묘사한다. 하계의 얼어붙은 물 속에 갇힌 이 대항주권자 악마는 창조주에 맞서는 죄와 불경의 단조로운 순환을 되풀이하라는 선고를 받았다.

이와는 별개로 수많은 악마가 하계의 여러 환環에 흩어져 있

---

* Gustave Doré(1832~1883). 프랑스의 화가이자 삽화가, 판화가, 조각가이다. 《신곡》의 삽화로도 유명하다.

다. 제8환의 소위 말레브란케[*] 악마들이 그 예다. 이들은 보다 근대적이고 파우스트적인 의미에서의 '악마'이다. 이들은 고문자, 사기꾼, 유혹자이다.

　말레브란케 악마들은 거대하고 장엄한 대항주권자라기보다는, 떠돌이 일당이나 사악한 패거리이다. 그들은 지옥의 기본 규칙에 따라 움직이고, 보다 분권화되어 있다. 그들의 권력은 대항주권자의 지배에서 나온다.

　이 두 종류의 악마, 즉 대항주권자 디스나 말레브란케 악마와

---

* Malebranche. 이탈리아어로 '악한 발톱'을 뜻한다.

는 대조적인 세 번째 종류의 악마는 〈지옥편〉이 시작할 무렵 등장한다. 그곳은 제2환, 바로 육욕의 환이다. 극적인 한 구절에서 안내자 베르길리우스는 (등장인물) 단테를 벼랑으로 이끄는데, 여기서 단테는 이 서사에서 처음으로 악마성의 괴이하고 암울한 분위기와 맞닥뜨린다.

> 나는 빛이 전혀 비치지 않는 곳에 이르렀다.
> 바람이 양쪽에서 세차게 불어와 부딪쳐서
> 폭풍에 시달리는 바다처럼 울부짖는 곳.
>
> 영원한 지옥의 폭풍bufera infernal이 격노하여
> 거친 바람으로 영들을 쓸어내고 몰아가며
> 소용돌이치게 하고 매질하여 벌준다.
>
> 영들이 심판의 장소를 지나 다시 쓸려갈 때
> 비명과 한탄과 통곡이 들린다.
> 영들은 하느님의 권능을 저주한다.

여기에는 "이성을 욕망의 노예로 만든 자", 즉 육욕으로 가득한 자가 모두 보내진다. 여기저기 바람에 날리는 수많은 육신은 새 떼에 비유된다.

겨울에 넓게 무리 지은

찌르레기를 실어 나르는 날개처럼

악령spiriti mali을 몰아가는 바람.

여기로, 저기로, 위아래로, 바람은 그들을 몰아간다.

위안을 얻을 희망도 없이,

쉴 수 있을 희망도, 고통을 덜 희망조차 없이.[6]

우리는 폭풍이 몰아치는 이 장면이 새로운 유형의 악마가 등
장하는 배경이 아니라는 것을 곧 알게 된다. 바람, 비, 폭풍 자체가
악마이다. 이 "검은 바람aura nera"은 눈에 보이지 않으면서도 극적

으로 나타나서, 저주받은 육신이 이루는 무리를 빠르게 헤치며 지나간다.

　도레의 삽화 중 하나는 유명한 장면을 묘사한다. 파올로와 프란체스카라는 두 영혼이 육신의 무리로부터 빠져나와, 자신들의 비극적 사랑 이야기를 전한다. 그 장면과 이야기에 감동한 등장인물 단테는 압도당하여 옆에 있던 베르길리우스의 발치에 쓰러져 혼절하고 만다. 하지만 이 삽화에서 마찬가지로 흥미로운 점은 도레가 파올로와 프란체스카의 몸을 시각적으로 묘사하는 방식이다. 이 둘의 몸은 무리 지은 영혼이 아득히 먼 곳으로 점점 희미해져 가는 무정형의 배경과 거의 구별되지 않는 것이다. 사실 그림의 일부분에서 둘의 몸은 폭풍이 부는 배경 자체와 합쳐져 보인다.

　이 장면에는 확고하고 장엄한 대항주권자도, 배회하는 파우스트적 악마 패거리도 없다. 낯설고 내재적이며 완전하게 널리 퍼져 있는 검은 바람의 '생명력'만 있을 뿐이다. 이 환에서 육욕으로 가득한 영들은 폭풍우라는 자연력의 무리 속으로 녹아든다. 이는 역설적이게도 가장 분명한 형태의 생이다(실제로 등장인물 단테는 그 힘 앞에서 혼절했다). 그렇지만 가장 공허한 형태의 생이기도 하다(악마적 폭풍은 개별적인 사물도 아니고, 하물며 개별적인 육신도 아니다. 어디에나 있지만 아무 데도 없다). 이 마지막 장면에서는 분명 악마에 대한 가장 난해한 관점이 나타난다. 초월적이고 지배적인 원인도 아니고, 유출되고 방출되는 흐름도 아닌, 완전히 내재하지만 결코 완전히 현전하지는 않는 악마성이라는 개념. 이러한 종류의 악마는 순수한 힘이자 흐름이지만, 본질적으로 개별 사물이 아

니라 순수 공허이기도 하다.

　일반적으로 말해서 〈지옥편〉이 흥미로운 것은 단순히 그 속에
등장하는 무수한 괴물 때문이 아니라, 악마적 존재와 비존재의 다
양한 유형을 꼼꼼히 계층화하기 때문이다. 〈지옥편〉의 길, 강, 동굴,
요새에서는 모든 경계가 무너진다. 그곳에는 인간 육신이 녹아드는
고목, 선혈이 흐르는 강, 살아 있는 시체들이 거주하는 도시가 있다.
또한 악마의 빙의는 생물뿐 아니라 무생물에 대한 빙의까지 포함
한다. 악마는 인간이나 동물뿐 아니라 하계의 풍경이나 지역에까지
빙의하는 것이다. 〈지옥편〉에서 악마의 빙의는 기형학畸形學적일 뿐
만 아니라, 지질학적이고 심지어 기후학적이기도 하다.

질문 III - 악마학에 대하여,
그리고 악마학이 존중받을 만한 연구 분야인지에 대하여

논항

흔히 악마학은 현대에는 더 이상 중요하지 않다고 치부된다. 악마학은 후기 중세 및 초기 르네상스 신학의 불쾌하고 시대착오적인 파생물이자, 현대 공포영화의 풍부한 상상력의 재료이다. 하지만 알랭 부로Alain Bourreau, 낸시 카시올라Nancy Caciola, 스튜어트 클라크Stuart Clark, 아먼도 매기Armando Maggi와 같은 학자들은 최근 연구를 통해, 역사적인 의미에서 악마학이 지니는 철학적·정치적 측면을 밝혀내는 데 진력해왔다. '악마학'이라는 용어 자체는 가장 흔하게는 (종종 마법과 강령술 같은 활동도 포함하는) 악마에 대한 연구와 분류라고 이해된다. 이것은 15세기에서 17세기에 걸친 유럽의 마녀사냥과 이단 박해의 길고 어두운 역사와 직접 연결된다. 물론 그 시기에 앞서 아우구스티누스부터 아퀴나스까지 이르는 기독교 신학자들이 악의 본질에 대해 광범위하게 글을 썼지만, 이 주제(그리고 악과 싸워서 근절하기 위한 그것의 실천적 응용)에 몰두하는 독자적 연구 분야라는 관념은 확실히 15세기 후반에야 등장했다. 자주 인용되는 기준점은 1484년의 교황칙서 〈가장 바람직한 정념에 관하여Summis Desiderantes Affectibus〉이다. 이는 마법을 비롯한 이단 활동이 유럽 대륙의 교회 권력을 통일하는데 심각한 위협이 된다는 우려가 점점 커지자, 그에 대응하기 위해 교황 인노첸시오 8세가 공표한 것이었다. 이 칙서는 여러 이유로 주목할 만한데, 가장 중요한 이유는 마녀 및 마법의 존재와 "인류의 공적公敵의 선동으로" 행해지는 의례를 통해 "스스로를 악마에게 넘긴" 자의 온갖 활동을 공식화했다는 점이다. 만약 적을 적으로 간주하는 것이 적에게 힘을 실어주는 일이라면, 마법과 악마적 거래를 확인하는 일은 양날의 검으로 판명될 것이다. 종교재판의 기치 아래 벌어진 셀 수 없이 많은 재판과 처형의 과정(역사가의 최근 추정에 따르면 1500년에서 1700년 사이 유럽 대륙에서만 4만에서 10만 건의 처형이 있었다)에서 마녀재판의 범위는 넓어졌고, 어떤 경우에는 마법을 행했다는 혐의에 대한 단순한 변호 자체도 이단 행위로 간주되었다.

칙서 〈가장 바람직한 정념에 관하여〉는 위협을 확인했을 뿐만 아니라, 그런 위협에 대처하는 권고 사항까지 제시했다. 또한 하인리히 크라머Heinrich Kramer와 야코프 슈프렝거Jacob Sprenger와 같은 종교재판관에게, 악마와 거래하고 마법을 부리는 용의자를 색출하고 재판에 회부하여 처벌할 수 있는 합법적 권한을 부여했다. 칙서가 공표된 지 약 2년 후에 크라머와 슈프렝거는 훗날 마녀사냥 안내서의 청사진이 된 《마녀를 심판하는 망치Malleus Maleficarum》(1486)를 출판했다. 이 책은 대부분 당대의 마법과 악마학에 관한 전형적인 내용으로 이루어져 있다. 악과 악행을 일삼는 악마의 위험성에 관한 교부와 스콜라 신학자의 글에 대한 언급도 있다. 또 다양한 종류의 악마적 활동을 구분하고 분류한다. 그뿐 아니라 실제 위협이 목전에 닥쳤음을 생생하게 보여주기 위해서, 마법과 악마 빙의를 비롯한 마녀malefica의 온갖 행위에 대한 수많은 사례연구도 담고 있다.

그러나 《마녀를 심판하는 망치》가 독특한 이유는 실용성을 지향하기 때문이다. 이 책은 아퀴나스의 《악론》(1270년경)처럼 신학적 사변을 다루는 작품이 아니다. 프란체스코 마리아 과초 Francesco-Maria Guazzo의 《마녀 전서Compendium Maleficarum》(1608)처럼 체계적인 분류를 시도하지도 않는다. 이 책은 말 그대로 지침서인데, 이 점은 이 책을 이루는 세 부분에 명확하게 드러난다. 즉 1부는 마녀와 마법이 실제로 존재하며 위협적이라고 주장하고, 2부는 마녀와 마법을 어떻게 탐지하고 색출할 수 있는지 다루며, 3부는 재판, 선고, 처벌이나 처형을 위한 규약의 개요를 서술한다.

특히 흥미로운 점은 《마녀를 심판하는 망치》 같은 악마학 지침서에서 16세기 의술이 담당하는 역할이다. 한 가지 역할은 악마 빙의에 관한 일반적인 독기설* 혹은 전염설을 다듬는 것이었다. 전염에 대한 이런 전근대적인 이해에서, 악마는 앞서 언급한 것과 흡사한 방식으로 개념화된다. 즉 본질적으로 '무' 혹은 비존재인 어떤 역설적 현시로 개념화되는 것이다. 《마녀를 심판하는 망치》에서는 이것을 악마 빙의의 세 가지 주요 유형으로 설명하는데, (악마학자의 주장에 따르면) 각 유형은 그 인과적 원인이 악마와의 교섭으로 밝혀질 수도 있는 기이한 증상들을 제시한다. 첫 번째 차원은 정신생리학적 빙의로, 악령이 몸 자체에 침입하여 영향을 미친다(일시

---

* miasmatic theory. 콜레라나 말라리아 등의 전염병이 미아즈마Miasma(독기)라는 나쁜 공기로 인해 발병한다고 주장하는 학설이다.

적 장애와 무력감부터 발기부전, 불임, 이상성욕, 그리고 간질, 기면증, 우울증까지 이르는 다양한 증상). 두 번째 차원은 전염병학적 빙의로, 신체와 환경 사이의 관계에 영향을 미친다(역병, 나병, 집단 히스테리, 심지어 집단행동 등). 마지막으로 세 번째 차원은 보다 추상적이고 기후학적인 빙의로, 여기서 악마는 살아 있는 것뿐만 아니라 살아 있지 않은 것에도, 생물뿐만 아니라 무생물에도 빙의한다(부자연스럽거나 이례적인 기후변화, 가축이나 농작물 질병, 갑작스러운 기근이나 홍수 등).

이러한 의술에는 인식론적 역할뿐 아니라 사법적 역할도 더해진다. 비록《마녀를 심판하는 망치》는 분명 모든 마법 활동을 가차 없이 근절하려는 편향된 글이지만, 마법의 초자연적 원인과 대조되는 자연적 원인도 아주 적게나마 인정한다(그래도 처벌은 똑같다). 해당 마녀나 마법 행위의 초자연적 성격에는 거의 의심을 품지 않았지만, 이런 행위의 정확한 원인에 대해서는 해석의 여지가 있을 수 있었다. 예를 들면 어떤 초자연적 원인이 자연적 증상을 일으킬 수 있다. 이런 증상은 환상이나 질병으로 분류될 수 있다. 만약 환상이라면, 고발당한 마녀가 어떤 속임수를 의도적으로 사용했는지와 어떤 이유(예를 들어 금전적 이득, 복수, 질투 등등)로 그랬는지가 논점이었다. 만약 질병이라면, 그 질병의 종류가 논점이었는데, 간질, 히스테리, 우울증 등 모호하게 규정되는 질병이 가장 흔하게 언급되었다. 여기서 의술의 역할은 악마의 빙의에 대한 지식을 발전시키는 것보다는, 재판의 사법적 맥락에 맞게 자연적인 것과 초자연적인 것의 경계를 중재하는 일이었다. 흥미롭게도 이런 역할에 힘을 보탠 이후의 저술가들은 바로 마녀사냥이나 이를 둘러싼 집단 편집증에 좀 더 회의적인 사람들이었다. 그러나 유념할 점은 강령술이나 빙의 같은 현상에 대한 자연적 설명이 결코 초자연적 존재를 배제하지는 않는다는 것이다. 많은 경우에 이런 자연적 설명은 불가피한 판결로 향하는 또 하나의 경로일 뿐이다.

이 시기 내내 마녀사냥 안내서가 급증하기는 했지만,《마녀를 심판하는 망치》는 신학(1부), 의술(2부), 법률(3부)을 하나의 작품으로 포괄하여 새로운 기준을 정립했다. 그 결과 새로운 사법절차뿐만 아니라, 비인간이라는 측면에서 악마를 다루는 새로운 담론과 사고방식도 등장했다. 이는 요한 바이어Johann Weyer의《악마의 속임수에 관하여De Praestigiis Daemonum》(1563), 장 보댕Jean Bodin의《마녀의 악마 광신Démonomanie des Sorciers》(1580), 레지널드 스콧Reginald Scot의《마법의 발견Discoverie of Witchcraft》(1584)과 같은 논고에서 나타나는, 악마나 악마 빙의의 실태를 둘러싼 초기 르네상스의 논쟁에서도 뚜렷이 드러난다.

바이어의《악마의 속임수에 관하여》는 눈여겨볼 만하다. 마녀사냥과 마법에 대한 재판이 지나치게 많다고 비판하는 몇 안 되는 논고 중 하나이기 때문이다. 비록 바이어는 마녀, 마법, 악마가 실재한다고 인정했지만, 경우에 따라 개인이 속수무책으로 현혹(환영을 실재라고 생각하는 것)되었거나 단순한 속임수일 수도 있음을 감안해야 한다고 말한다. 바이어는 불길한 어투로, 진짜 악마라면 자신의 악한 의지에 따른 행동을 굳이 우리에게 시킬 필요도 없을 것이라고 지적했다. 사실 우리 인간이 어떤 식으로든 악마에게 필요하다는 가정 자체가 허영심의 극치이다. 어떻든 간에 과학자이자 유명한 마법사이던 코르넬리우스 아그리파Heinrich Cornelius Agrippa 밑에서 공부한 바이어가 생애 대부분을 내과의사로 보냈다는 점은 눈길을 끈다. 이는 그가 마법에 대한 의학적이고 심리학적인 설명을 인정하는 데 영향을 주었다. 그는 날카롭게 비꼰다. "그런 희귀하고 심각한 증상은 자연적 원인이 초래한 질병에서 흔히 나타나는데도, 과학적 경험이 없고 믿음이 부족한 자는 곧바로 마법 탓으로 돌린다."[7] 또한 《악마의 속임수에 관하여》는 고발된 마녀를 (적어도 그 사례를 적절하게 조사하기도 전에) 과도하게 고문하고 학대하는 것에 대한 수많은 비판을 담고 있다.

보댕은 《마녀의 악마 광신》으로 바이어를 정면으로 반박한다. 카르멜회Carmelite 수도승이자 의회 의원이며 법학 교수인 보댕은 정치철학에서 절대주의 국가 주권을 일찌감치 이론화한 대작 《국가에 관한 여섯 권의 책Les Six Livres de la République》으로 널리 알려져 있다. 마법 사건을 맡은 판사에게 도움을 주기 위해 저술한 《마녀의 악마 광신》은 무엇보다 몸을 지지는 기술을 비롯한 자백을 끌어내는 고문의 합법적 사용을 옹호하는 충격적인 작품이다. 또한 마녀에 대한 초기의 법률적 정의도 들어 있다. 이에 따르면 마녀는 "하느님의 율법을 알면서도, 악마와 계약을 맺어 어떤 행동을 하려는 자"이다. 아울러 인간에 반反하는 악마의 적의를 매우 장황하게 설명하고 있다. 그에 따르면 "모든 악마는 적의를 품고 기만하며 가식을 떠는 인류의 적"이다.[8] 《마녀의 악마 광신》은 마법의 종교적이고 정치적인 위험성에 대한 주장을 전혀 흔들림 없이 펼친다. 그것은 바로 마법이 국가를 다스리는 데 위협을 가한다는 주장이다. 《마녀의 악마 광신》의 이러한 확신은 부분적으로 수많은 마법 재판을 직접 진행한 재판관인 보댕 자신의 경험에서 비롯한 것으로 보인다(보댕은 자백을 받기 위해 아이와 병자를 고문하는 것도 주저하지 않았다고 알려져 있다).

바이어가 (의술을 구실로) 마법에 대한 온건 입장을 대변하고, 보댕이 (법률을 구실로) 보수적인 방어적 입장을 대변한다면, 스콧의 《마법의 발견》은 한발 더 나아간다. 이런 사안 전체의 타당성을 송두리째 의심하는 것이다. 바이어의 의술과 보댕의 법률의 역할을, 스콧에게서는 회의주의가 한다. 바이어와 보댕은 정치적으로는 반대편에 서지만, 신학적으로는 둘 다 초자연적 힘의 존재와 선악 갈등 패러다임에 여전히 전념한다. 그들에 비해 경제적 독립이라는 이점을 지녔던 스콧은 교회나 과학의 눈치를 보지 않고 의견을 개진했다. 그렇지만 《마법의 발견》을 자비로 출판하면서, 등록도 못하고 출판인 이름마저 기재하지 못했다. 아마도 1580년대 초 잉글랜드에서 논란이 됐던 연이은 마녀재판에서 자극을 받은 듯한, 스콧의 논고에 담긴 비판은 훨씬 냉소적이고 심지어 익살스럽기까지 하다. 그는 마녀와 마법이라는 부당한 주장을 모두 공격한다. 그것이 심문관과 재판관이 벌이는 (다른 사람 혹은 자기 자신에 대한) 속임수이자, "극단적이고 참을 수 없는 폭정"이라고 일갈한다. 스콧의 논고는 악마 개념에 대한, 그리고 사실상 초자연적인 것이라는 개념 자체에 대한 일종의 청산이다. 《마법의 발견》은 악마라는 개념이 있다고 해도, 우리는 악마에 대해서 거의 혹은 전혀 알 수 없다고 주장한다. 이는 마치 마녀와 심문관이 둘 다 너무 편협하고 너무 인간적인 사고방식을 지녔다고 비난하는 듯하다.

반론

마법과 악마학을 둘러싼 논쟁에서 유익한 점은, 흔히 (신적이든 악마적이든) 초자연적인 것을 제대로 이해할 수 있는 우리의 능력을 중심으로 전개되는 것이다. 특히 악마의 문제는 극히 의인화된 사티로스와, 숨을 통해 사람에서 사람으로 전염되는 보다 추상적이고 모호한 악마 사이에서 갈팡질팡하는 경향이 있다. 초기 악마학 논고에 나타나는 혼란은 대부분 악마의 존재를 확인하는 방법을 둘러싸고 일어났다. 인간 관찰자에게 악마는 당연히 좀처럼 자명하지 않았기 때문이다. 악마의 빙의를 의학적 질병과 구별할 수 없는 경우, 어느 편에 서야 하는가? 21세기의 사고방식으로 보면 이런 물음은 터무니없다. 하지만 마술, 과학, 마법의 경계가 모호했던 시대에 이는 단지 종교적이고 정치적일 뿐만 아니라 철학적이기도 한 문제였다. 초기 르네상스 문화에서 악마는 미지의 것에 대한 경험론의 한계를 제시했다. 그것은 (부재하는 현시, 비자연적 피조물, 악마적 질병 등의) 모순을 통해서만 확인할 수 있기 때문이다.

그러한 모순은 언어의 한계를 확장한다. 사실 악마학에 관한 글이 빗발치면서 나온 부산물은 초자연적인 것을 사고하기 위한 새로운 언어와 일단의 새로운 개념들의 개발이었다. 이런 언어와 개념은 분명 신학에서 가르친 것이다. 하지만 빙의의 결과를 묘사하거나 마녀의 연회 장면을 재현하거나 사악한 존재가 들끓는 세상을 상상하기 위해서는, 악마에 관한 어떤 **시학**poetics도 필요했다. 악마학은 그 목적이 설득이든 비판이든 간에, 신학적이거나 법률적인 활동일 뿐 아니라 수사학적 활동이기도 하다. 따라서 악마학을 신학적이라 여기는 관점과 달리, 시학도 똑같이 악마 개념에 핵심적이라는 점을 간략히 살펴보도록 하자.

만약 악마의 시학을 개괄하려 한다면, 먼저 악마적인 것에 대한 문학적 재현을 떠올릴 수 있다. 이는 보다 구체적으로는 악마를 재현하는 여러 모티프라고 이해할 수 있다. 예를 들어 (세계문학사에서 꽤 일반적인) 여행이라는 서사 기법은, 단테의 《신곡》이 갖는 주요 특징이다. 순례자 단테는 어두운 지옥의 환環에서 시작하여, 원뿔 나선 모양의 연옥을 지나, 천체의 기하학적 구조를 지닌 천국*까지, 스스로 수많은 시험대에 오르며 여행한다. 이러한 위상학적 모티프에서 우리는 다양한 사람, 장소, 생물을 접한다. 여기서 악마적인 것은 어떤 특수한 장소에 상징적으로 새겨진다(예를 들면 지옥의 각 환에서는 갖가지 죄에 대하여 악마에 의해 서로 다른 등급의 처벌을 받는다.).

다른 서사 모티프도 마찬가지다. 전투 모티프가 있는데, 이는 가령 밀턴의 《실낙원》이나 밀턴을 따르는 (그리고 비판하는) 윌리엄 블레이크의 예언시 속 여러 장면에서 발견된다. 여기에는 투쟁

---

* 《신곡》에서 천국은 화염천(지구와 달의 중간 경로), 월성천, 수성천, 금성천, 태양천, 화성천, 목성천, 토성천, 항성천, 원동천, 최고천 등으로 이루어진 천체 구조를 하고 있다.

의 구조가 발견되는데, 여기서 악마적인 것은 영원한 싸움 또는 갈등의 덫에 빠져 있다. 그리고 계약 모티프가 있다. 이는 악마와의 검은 거래로, 악마는 피로 서명한 인물을 해방하는 동시에 구속한다. 이러한 법률적이자 경제적인 구조는, 가장 흔하게는 파우스트 전설과 이를 말로나 괴테 같은 작가가 문학적으로 구체화한 작품과 결부된다. 즉 나는 너에게 영혼을 주고, 그 대가로 너는 나에게 모든 것을 주는 것이다. 이 계약은 또 다른 서사 모티프와 종종 중첩되는데, 바로 의례 모티프이다. 위스망스의 《저 아래》나 데니스 휘틀리Dennis Wheatley의 《악마가 타고 나가다The Devil Rides Out》와 같은 소설 속의 흑미사에 대한 악명 높은 묘사에 담긴 모든 일련의 신성모독 행위는 동시에 악의 거룩함을 표현한다. 악마성은 대항 신성으로서, 신성을 부정하는 동시에 악마성을 신성시하는 것이다. 휘틀리의 '블랙' 소설들은 특히 주목할 만하다. 그의 소설 속 주인공 드 리슐로가 악마와 어둠의 힘에 맞선 전투에서 종종 고대의 지식과 근대의 과학 지식을 모두 사용하기 때문이다. 이는 셰리든 레퓨뉴Sheridan Le Fanu 같은 작가가 시작한 '오컬트 탐정' 장르를 계승한다. 마지막으로 마법의 생산물이라는 보다 근대적이고 기술적인 모티프가 있는데, 이러한 어둠의 발명품은 새로운 유형의 대재앙을 알리는 신호이다. 세계대전과 대학살의 그림자가 드리운 가운데 저술된 프리츠 라이버*의 《어둠이여, 모여라!Gather, Darkness!》와 제임

---

* Fritz Leiber(1910~1992). 미국의 과학소설, 환상소설, 공포소설 작가로, 후대 작가들에게 지대한 영향을 끼쳤다.

스 블리시[*]의《검은 부활절, 혹은 파우스트 알레프 널Black Easter, or Faust Aleph-Null》같은 과학소설은 기술과 초자연적인 것의 불길한 유사성을 시사한다. 라이버의 소설에서 초현대적인 교황 제도는 무수한 특수효과 기법을 활용하여 대중이 교회의 패권에 충성하도록 만든다. 그에 대항하여 마녀와 마법사와 그 하인들은 악마적인 지하세계에서 혁명의 대의를 추구한다. 반면 블리시의 소설은 파우스트적 계약이 대량살상무기를 통해 갱신되었음을 시사한다. 여기에서 양자물리학은 강령술의 한 형태이다. 이와 같은 20세기 작품에서 악마적인 것은 다른 역할을 한다. 혁명적 대항권력이나, 인간의 이해와 통제 너머에 있는 근본적으로 알 수 없는 힘의 역할을 하는 것이다.

이런 작품의 두드러진 공통점은 거의 모두 하나의 불문율을 따르는 듯하다는 것이다. 즉 악마적인 적수는 종국에는 늘 '패배'한다. 확실히 이들은 (스튜디오 시스템 영화의 필수 요소인 행복한 결말과 유사한) 소설이나 서사시의 도덕적 구조를 따르는 듯하다. 하지만 이러한 데우스 엑스 마키나[†]에는 항상 약간 실망하게 된다. 괴테의 파우스트는 악마적 탐구에 있어서 갈 데까지 가지만, 2부에서는 회개를 하고 신의 은총으로 구원을 얻는다. 마찬가지로 밀턴의《실

---

* James Blish(1921~1975), 미국의 판타지, 과학소설 작가이자 평론가로, 소설판《스타트랙Star Trek》을 집필하기도 했다.
† deus ex machina. 고대 그리스 연극에서 활용되던 '기계장치의 신'에서 유래한 개념으로, 극이나 소설에서 가망 없어 보이는 상황에 갑작스러운 힘이나 사건이 등장하여 문제를 해결하고 결말로 이끌어가는 수법을 말한다.

낙원》에 대해 블레이크는 유명한 말을 했다. 밀턴은 부지불식간에 악마 편을 들었다는 것이다. 여기서 문제는 악마적인 것은 알려지지 않았고 어쩌면 알 수도 없는데도 불구하고, 악마적인 것의 '편에 섰다'는 점이다. 그러나 이런 문학의 사례에서 악마적인 적수의 패배는 선이 반드시 승리한다는 증거라기보다는, 미지에 대한 어떤 도덕경제를 암시하는지도 모른다. 괴테의 《파우스트》는 우리의 눈을 현혹하지만, 작품이 끝날 무렵에도 악마적인 것에 대한 우리 지식은 전혀 늘어나지 않는다.

답변

여기서 다시 사고의 한계로서의 악마 개념에 도달하게 된다. 이는 존재나 생성이 아니라, 비존재나 공허로 이루어진 한계이다. 그동안 쭉 암시해온 것을 여기서 분명히 밝혀야 한다. 악마의 신학이나 악마의 시학과 대조되는, 보다 근본적인 무엇인가가 여전히 남아 있는 것이다. 그것은 부정과 공허의 관념과 관련이 있다. 따라서 악마를 실로 존재론적인 문제(신학이나 시가 아니라, 철학의 문제)로 생각해야 한다.

　물론 악마학은 악의 본질에 관한 역사적 논쟁 혹은 마녀사냥을 둘러싼 정치와 결부된 신학적 현상이다. 또 시, 문학, 영화, 비디오게임의 사례에서 볼 수 있듯이 문화적 현상이다. 그러나 악마학을 '한낱' 역사적인 것이나 '그저' 허구로 받아들인다면 흥미가 떨어진다. 만약 철학적 영역에서 고찰한다면, 악마학은 꽤 오랫동안 철학 자체에서 문제적 영역이던 일군의 관념을 하나로 모으는 일종의 철학소哲學素*로 기능할 것이다. 그것은 부정, 공허, 비인간 같은 관념이다.

악마학에 대한 이러한 접근은 어떤 모습을 띨 것인가? 악마학은 우선 인간학과 구별해야 한다. 인간학에서 악마는 인간의 대역일 뿐이고, 인간 존재 안에 있는 악의 본질을 반추한 산물일 뿐이다. 또 악마학은 순전한 형이상학과도 구별해야 한다. 형이상학에서 악마는 존재/비존재라는 쌍의 대역으로 기능한다. 인간학적 관점에 대한 거부는 세계를 단지 우리에-대한-세계나 세계-자체가 아니라, 우리-없는-세계로 간주한다는 뜻이다. 또한 형이상학의 관점에 대한 거부는 세계를 사유할 때 충족이유율에 의지할 수 없음을 고려한다는 뜻이다(충족이유가 아니라, 기이하고 섬뜩하며 불충분한 이유가 원리가 된다). 따라서 철학적 악마학은 인간 존재에 '맞서야' 하는데, 이때 '인간' 부분뿐만 아니라 '존재' 부분에도 맞서야 한다.

아마도 이러한 사고방식을 지칭하기 위해 **악마존재론**†이라는 새로운 개념을 제시할 수 있을 것이다. 인간학이 인격과 비인격('사람'과 우주)의 분할에 입각한다면, 악마존재론은 그 둘을 붕괴시켜서 역설적 조합을 만든다(비인격적 정동, 우주적 고통). 존재론이 존재/비존재라는 최소 관계를 다룬다면, 악마존재론은 (부정적 정의

---

* philosopheme. 음소音素, phoneme가 음운론의 최소 단위인 것처럼 철학소는 철학 이론의 최소 단위를 뜻한다. 여기에서는 기본적인 철학적 원리라는 의미로 사용되었다.

† demontology. 'demon'(악마)과 'ontology'(존재론)의 합성어이다.

定義인) 공허를 사유하되 단순히 (결성적 정의인) 비존재가 아닌 공허를 사유해야 할 것이다. 쇼펜하우어는 이를 설명하기 위해 두 종류의 부정 사이의 차이를 다시 요약한다.

> 나는 먼저 **무**Nichts의 개념이 본질적으로 상대적이며, 항상 그것이 부정하는 특정한 것으로 귀착된다는 점을 언급해야 한다. 이러한 특질은 (특히 칸트에 의해) 단지 결성적 무에 귀속되었는데, 이는 +와 대조되는 -로 표시된다. 이 부정 기호(-)는 반대 관점에서 보면 +가 될 수도 있다. 그리고 이런 결성적 무에 대립하는 부정적 무를 정립했는데, 이는 모든 관점에서 무일 것이다. (…) 그러나 보다 면밀히 생각해보면 절대적 무, 참으로 엄밀한 의미의 부정적 무는 상상조차 할 수 없다. 이런 종류의 모든 것은 그보다 높은 관점에서 고찰하거나 그보다 넓은 개념 아래로 포섭하면, 항상 결성적 무일 따름이다.[9]

쇼펜하우어에게 결성적 무는 우리에게 나타나는 대로의 세계, 우리에-대한-세계, "표상"으로서의 세계인 반면에, 부정적 무는 세계-자체 혹은 "의지"로서의 세계이다. 아니, 더 낮게 표현하자면, 접근 불가능성과 불가사의한 "오컬트적 특질" 속에서 우리에게 드러나는 대로의 세계-자체이다. 쇼펜하우어의 주장에 따르면, "일반적으로 긍정적이라고 추정하는 것, 우리가 **존재자**Seiende라고 부르는 것은, 정확히 말해 표상으로서의 세계이다. 그것에 대한 부정은 가장 일반적 의미에서 **무**라는 개념으로 표현된다."[10] 이와 다른 길인 부정적 무에 대해서, (다른 곳에선 소리 높여 종교를 공격하던) 쇼펜하우어는 신비주의와 기이한 친연성을 넌지시 드러낸다.

> 하지만 우리 자신이 삶에의 의지will-to-live인 한, 이 존재자로서의 무는 부정적으로만 알고 표현할 수 있다. (…) 철학은 그것에 대해 의지의 부인이라고 부정적으로 표현할 수밖에 없다. 그러나 그것에 대해 어떤 식으로든 긍정적 지식을 얻을 수 있다고 완강히 주장한다면, 의지의 완전한 부인에 이른 자라면 모두 경험하는 상태, 즉 무아경, 황홀경, 계시, 신과의 합일 등등으로 표현되는 상태에 주목할 수밖에 없을 것이다.[11]

어떤 의미에서 부정적 무는 단지 경험을 합당하게 묘사하는 데 있어서 언어의 한계에 관한 것만은 아니다. 부정적 무는 사유되지 않는 것을 대면하는 사유의 지평에 관한 것이고, 몰인간을 이해하기 위해 고군분투하는 인간의 지평에 관한 것이다. 그렇지만 쇼펜하우어는 "그런 상태는 더 이상 주체와 객체의 형태를 띠지 않기 때문에, 실은 지식이라고 부를 수 없다. 게다가 그런 상태는 더 이상 타인에게 전할 수 없는 자신의 경험으로만 접근할 수 있다"라고 말한다.[12]

이러한 (결성적 무와 부정적 무의) 구분, 그리고 비인간적 세계로서의 세계를 사유하는 데 있어서 이 구분이 갖는 함의를 감안하면, 우리는 딜레마에 빠지게 된다. 지금까지 논의해온 악마존재론의 유형은 기독교 악마학(도덕률, 유혹, 위반, 죄악, 처벌, 구원 등)의 도덕적·법률적·우주적 틀과 구별해야 할 것이다. 여기서 악마존재론은 오늘날 사유에서 최대 난제, 여러모로 니체적인 난제에 직면한다. 어떻게 세계를 사유 불가능한 것으로서 재사유할 수 있는가? 다시 말해 인간 중심적 관점에서 벗어나, 그리고 존재의 형이상학에 지나치게 의존하지도 않으면서, 세계를 사유할 수 있는가?

또다시 우리는 온갖 장애물에 부딪힌다. 그 이유는 어느 정도는 철학적 악마학이 존재하지 않거나, 아직 존재하지 않기 때문이다. 그렇다면 이런 유형의 우주적 비관주의의 선조를 인용하여 하나의 계보를 그려야 하는가? 하지만 그러면 끝없는 포함과 배제의 게임이 시작된다. 헤라클레이토스와 같은 고전기 그리스 철학자를 포함해야 하는가? '암흑 신비주의'나 부정신학 전통에 속하는 작품은 포함해야 하는가? 그리고 키르케고르부터 에밀 시오랑과 시몬 베유에 이르는, 영적이고 철학적인 위기에서 나타난 위대한 작품들은 어떤가? 쇼펜하우어와 니체는 이미 언급했지만, 바타유,[*] 클로소프스키,[†] 셰스토프[‡]와 같은 20세기의 후계자도 고려해야 하는가? 또 한편으로 부정과 공허에 전념하는 분야가 존재한다고 단정하거나, 존재하기를 희망하는 데에는 기본적인 문제가 없을까? 악마존재론이 존재한다고 주장하면서도, 끝없는 부조리극이라는 함정에 빠지지 않을 수 있을까? 아마도 유일하게 확실한 사실은 만약 악마

---

[*] Georges Bataille(1897~1962). 20세기 중반 프랑스의 작가이자 사상가이다.

[†] Pierre Klossowski(1905~2001). 니체와 초현실주의의 영향을 받은 프랑스의 소설가 겸 평론가이다.

[‡] Lev Shestov(1866~1938). 러시아의 철학자이자 평론가이다.

존재론 같은 것이 존재할 수 있다고 해도, 그 존재 덕분에 더 존중 받을 만한 것이 되지는 않으리라는 점이다. 무보다 더 눈살을 찌푸 리게 하는 것은 없기 때문에…

II

· 오컬트 철학에 관한 여섯 강독

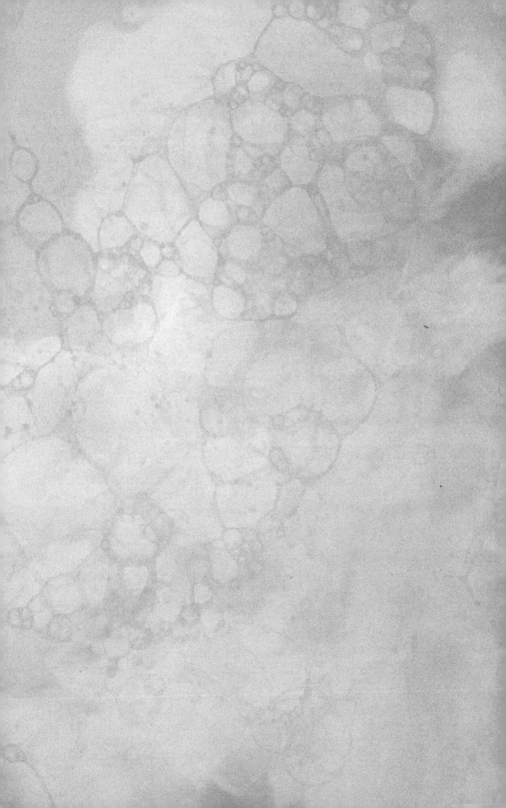

전문: 아그리파의 《오컬트 철학》에 대하여

학자들은 르네상스 시대에 널리 퍼져 있던 한 지적 운동을 묘사하면서 흔히 "오컬트 철학occult philosophy"이라는 말을 쓴다. 이 운동은 기독교 신학의 요소를, 고대 이집트의 마법 이론부터 르네상스 시대의 천문학과 연금술에 이르는 다양한 비기독교적 전통과 결합한 것이다. 오컬트 철학은 이런 식으로 다양한 지적 전통을 혼합함으로써, 하나의 특정 전통(무엇보다도 이단의 범위를 규정하는 온갖 법률 문서에 감춰진 정통 기독교)의 패권에 의문을 제기한다. 기후변화와 지구온난화의 대재앙적 영향에 대한 인식이 높아지고 있는 지금, 더구나 '신의 죽음' 이후인 오늘날, 오컬트 철학이 지닐 수 있는 새로운 의미는 무엇인가?

오컬트 철학은 무엇보다도 역사적 현상이다. 프랜시스 예이츠Frances Yates 같은 학자의 현대적 연구는 오컬트 철학을 그것의 철학적·종교적·정치적 맥락 안에 자리 잡게 했다. 예이츠의 《엘리자베스 시대의 오컬트 철학The Occult Philosophy in the Elizabethan Age》에 따르면, 역사적으로 서로 자주 대립했던 다양한 지적 전통의 혼합체를 오컬트 철학으로 부르게 되었다. 이런 서로 다른 사변적 전통의 혼합에는 그리스의 자연철학(아리스토텔레스)과 우주론(피타고라스Pythagoras), 신플라톤주의, 르네상스 연금술, 이집트 헤르메스주의, 기독교 스콜라 신학, 유대 신비주의가 들어 있다. 특히 하인리히 코르넬리우스 아그리파의 저작이 두드러지는 이유는 절충주의, 말하자면 다양한 철학과 신학 전통을 종합하려는 야심 찬 시도 때문이다. 예이츠는 아그리파의 저작에서 헤르메스주의와 혼성적인 기독교-카발라적 신비주의를 결합하는 실마리를 발견한다. 아그리파는 마르실리오 피치노* 같은 르네상스 사상가를 경유해 헤르메스주의를 받아들였고, 조반니 피코 델라 미란돌라† 같은 사상가를 경유해 기독교-카발라적 신비주의를 받아들였다. 그러나 예이츠의 견해에 따르면, 아그리파의 글은 다른 사상가가 이단이라는 비난이 두려워 감히 나아가지 못하는 방향으로 오컬트 철학을 이끈다. "아그리파는 1권에서 피치노의 마법을 가르친다. 그러나 아그리파는 훨씬 대담하게 설파한다. 피치노는 마법에 불안을 느꼈다. 자신의 마법이 '자연적인 것'으로 남기를 간절히 바랐다. 원소에 대한 관심은 별과의 관계에 국한했으며, 별과 결부된 영인 '별의 악마'는 회피했다. 사실 별의 악마를 회피하면서 아스트랄 마법astral magic을 설파하는 것은 불가능하기에, 아그리파는 도전을 마주하고 과감하게 받아들였다."[1]

---

* Marsilio Ficino(1433~1499). 르네상스 시대 이탈리아의 철학자이자 인문주의자로서, 아그리파와 친밀한 교제를 나누었다.
† Giovanni Pico della Mirandola(1463~1494). 르네상스 시대 이탈리아의 귀족이자 철학자로서, 역시 아그리파와 개인적으로 친밀한 관계였다.

1531년 처음 출판된 아그리파의 《오컬트 철학 3부작De Occulta Philosophia Libri Tres》[이하 《오컬트 철학》]은 르네상스 시대의 철학, 신학, 신비주의, 과학, 마법에 대한 탁월한 개설서이다. 아그리파는 이미 1509년부터 《오컬트 철학》을 쓰기 시작했는데, 이 저작 자체는 여러 판본이 있고 영어로는 1651년 번역되었다. 떠돌이 학자 아그리파는 유럽 전역을 여행하면서, 당시 종교개혁과 과학적 인문주의 운동에 참여한 지식인들과 접촉했다(몇몇 근대 역사가는 심지어 이런 여행이 그가 알려지지 않은 비밀결사의 회원이었음을 암시한다고 주장한다). 《오컬트 철학》은 후대에 엄청난 영향을 끼쳤다. 그 영향은 19세기 유럽에서의 오컬티즘의 부활(예를 들어 프랑스의 엘리파 레비나 제라르 앙코스*의 저작)과 20세기 초 황금여명회†나 신지학협회‡와 같은 단체에서 나타난다.

아그리파의 철학에서 실재의 본질은 세 개의 세계, 즉 원소계 elemental world, 천상계celestial world, 지성계intellectual world로 나뉜다. 이 용어 각각은 르네상스 오컬트 철학의 문맥 안에서 특정한 의미가 있다. 아그리파에게 "원소"라는 용어는 자연계를 의미한다. 이 자연계는 생물과 무생물, 유기물과 무기물의 범위뿐 아니라, 고전

---

* Gérard Encausse(1865~1916). 프랑스의 의사이자 최면술사로서, 오컬티즘의 대중화에 큰 역할을 했다.

† Golden Dawn. 영국에서 창설된 단체로서, 완전한 마법 체계를 세웠을 뿐 아니라 마법에 관련된 운동에 큰 영향력을 행사했다.

‡ Theosophical Society. 신비주의적 종교관인 신지학神智學을 바탕으로 뉴욕에서 창설된 국제적 종교 단체로, 바라문교Brahmanism와 불교의 교리에 입각한 세계적인 절충 종교를 제창했다.

적 사유에서 물려받은 기본 원소(물, 공기, 불, 흙)를 포괄한다. 원소계 혹은 자연계 너머에는 아그리파가 "천상"이라고 부르는 것이 있다. 이는 하늘, 별, 창공, 행성계를 의미한다. 이 천상의 영역은 부분적으로 천문학이 정의하고, 또 부분적으로 신플라톤주의 우주론, 피타고라스주의, 카발라 신비주의의 유구한 전통이 정의한다. 마지막으로 천상 너머에는 "지성"의 세계가 있다. 아그리파는 여기서 신플라톤주의의 영향을 다시 드러낸다. 지성계는 매개적 존재(천사와 악마)뿐 아니라 제1원인, 신플라톤주의적 "일자—者", 혹은 신도 포함하는 초자연적 세계를 가리킨다. 그러므로 "지성"은 뇌의 인지 기능이라는 현대의 일상적 의미와는 거의 관련이 없는 셈이다. 이 마지막 세계가 지성적이라는 것은, 플라톤식으로 말하자면 천상계와 원소계에 있는 만물의 추상적이고 순수 형식적인 본질이 여기에 담겨 있다는 뜻이다.

아그리파의 《오컬트 철학》이 철학적으로 전념하는 바는, 우리에게 드러나는 대로의 세계와, 세계의 "숨은" 혹은 은닉된 특질이 근본적으로 구분된다는 것이다. 이런 특질은 비록 명백히 드러나지는 않더라도, 세 개의 세계(원소계, 천상계, 지성계)에 대한 심오한 지식을 얻는 데 그만큼 더 중요하고 필수적이다. 《오컬트 철학》의 대부분은 세계의 숨은 본질을 누설하는 과정을 (종종 매우 실질적인 면에서) 상세히 열거한다. 하지만 세계가 항상 자신이 누설되도록 허락하는 것은 아니다. 사실 이 책에는 세계가 드러나는 것 자체를 거부하는 듯이 묘사하는 부분이 많다. 1권 초반의 여러 흥미로운 장에서, 아그리파는 "사물의 오컬트적[은닉된] 효험occult virtues of things"이라고 부르는 것을 다룬다. 특정 약초나 광물의 미지의 효과, 하늘이나 별에서 보이는 변칙적 현상, 강령술이나 풍수의 관습, 심지어 마법의 존재 자체에 이르기까지, 이 모든 것은 스스로를 드러내기를 거부하는 세계, 숨어 있거나 은닉된 세계라는 측면을 증언한다. 아그리파는 "이를 오컬트적[은닉된] 특질이라고 부르는 이유는, 그 원인이 숨어 있고 인간 지성은 어떤 식으로도 그 원인에 도달하여 밝혀낼 수 없기 때문이다"라고 말한다.[2] 아그리파가 드는 예는 매우 광범위하다. 어떻게 소화가 이루어지는지 같은 평이한 사례부터, 어떻게 사티로스 같은 생명체가 존재할 수 있는가 같은 다소 공상적인 사례까지 다루는 것이다. 그리고 이 모든 예시를 하나로 묶는 특징은 존재하는데도 불구하고 인간이 설명할 수 없다는 점이다. "그러므로 사물에는 우리가 알고 있는 원소적 특질 외에도, 자연이 창조한 어떤 본유적인 효험이 있다. 우리는 이에 탄복하고 경악한다. 이런 효험은 우리가 모를 뿐 아니라, 실은 거의 혹은 전혀 본 적이 없는 것이다."[3]

자신의 존재를 알리는 동시에 이를 알림으로써 우리에게 미지의 것을 누설하는 은닉된 세계occulted world라는 관념은 오컬트 철학과 그것의 인문주의적 입장의 어두운 이면이다. 상대적이 아니라 절대적인 의미에서 은닉된 세계라는 관념은 인문주의적인 우리에-대한-세계에 맞서고, 우리의 이미지로 만들어진 인간 중심적 세계에 맞선다. 어원적으로 '오컬트occult'는 무언가가 숨어 있고, 감춰져 있으며, 그림자에 둘러싸여 있다는 뜻이다('숨기다'를 의미하는 라틴어 동사 'occulere'의 과거분사 'occultus'에서 유래한다). 그러나 숨어 있다hidden는 (라틴어 동사 'revelare'에서 유래하는) 누설되다 reveal를 내포한다. 이처럼 이미 또렷이 보이는 것도 어떤 반전에 의해 갑자기 흐릿해지고 은닉될 수 있는 것이다. 은닉된 것은 여러 방식으로 숨어 있을 수 있다. (매장된 보물이나 일급비밀 같이) 소중한 물건이나 중요한 정보를 비장秘藏하거나 넘겨주지 않을 때처럼, 무엇인가 의도적으로 숨길 수도 있다. 이 경우 우리는 인간의 사회적 네트워크를 구성하는 숨바꼭질, 주거나 주지 않기, 온갖 미시적 권력 교환이 일어나는 인간적 세계에 들어선다. 우리 인간은 이러한 은닉하거나 누설하는 행위를 통해, 우리에게 지식으로서 어떤 가치를 지니는 것을 능동적으로 숨기거나 드러낸다.

여기에 우리는 오컬트가 숨겨지는 또 다른 방식을 덧붙일 수 있다. 그것은 우리 인간이 거의 혹은 아무 역할도 하지 않는 숨음 hiddenness이다. 이러한 숨음은 이미 주어진 것일 수도, 혹은 숨어 있는 것을 드러내려는 시도에도 불구하고 혹은 그런 시도와 무관하게 일어나는 것일 수도 있다. (대재앙일 수도 예삿일일 수도 있는) 이 두 번째 유형의 숨음은 우리가 그 안에 던져진 세계의 숨음이다. 숨은 세계는 그에 대한 지식을 얼마나 많이 생산하든지 간에, 항상 그것의 숨음을 드러내는 우리 능력의 범위를 넘어서는 어떤 잉여를 담고 있다. 어떤 경우에 숨은 세계는 단순히 인간의 의지나 욕망에 굴하지 않는 세계로서, 우리에-대한-세계로서의 세계와 세계-자체로서의 세계의 차이이다. 또 다른 경우에 숨은 세계는 불가사의한 것에 매료된 대중문화에 스며든 '풀리지 않은 미스터리'* 같은 무언가일 수도 있다.

현대적 맥락에서 오컬트를 이야기하기 위해 하나의 용어를 도입해보자. 오컬트의 두 번째 관념(우리 인간이 숨기거나 드러내는 것이 아니라, 세계 속에 이미 숨어 있는 것)은 간단하게 은닉된 세계라고, 혹은 더 나은 표현으로는 **세계의 숨음**hiddenness of the world이라고 부를 수 있다. 하지만 이제는 이를 좀 더 정교하게 구성할 필요가 있다. 세계의 숨음은 단지 세계-자체가 아니다. 세계-자체는 그 정의상 세계(우리에-대한-세계) 속 인간으로서의 우리와 철저히 단절되어 있기 때문이다. 세계-자체가 은닉되거나 '숨어 있을' 때, 이상하고 역설적인 움직임이 벌어진다. 이 움직임에 의하여 세계-자체가 스스로를 우리에게 드러내지만, 결코 완전히 접근하거나 완벽하게 알 수는 없다. 세계-자체는 우리에게 모습을 드러내지만, 간단히 우리에-대한-세계가 되지는 않는다. 쇼펜하우어의 표현을 차용하자면, 이는 "우리에-대한-세계-자체the world-in-itself-for-us"이다.

만일 세계-자체가 우리에게 역설적으로 모습을 드러낸다면, 정확히 무엇이 나타나고 무엇이 드러나는가? 아주 간단히 말해, 드러나는 것은 세계의 '숨음' 자체이다(세계-자체가 아님을 강조해야 한다). 어떤 면에서는 이 숨음은 끔찍하기도 하다. 자신의 숨음 말고는 아무것도 드러내지 않는 숨은 세계는 텅 빈 익명의 세계이다. 그것은 인간적 지식은 고사하고, 너무도 인간적인 욕구나 욕망에도

---

* 1987년부터 현재까지 방영되고 있는 초자연적 현상을 다루는 미국의 유명 다큐멘터리 프로그램 〈풀리지 않은 미스터리Unsolved Mysteries〉에 빗댄 표현이다.

무심하다. 따라서 익명적이고 무심한 이 세계의 숨음에 대해서는, 유신론적 섭리 관념이나 과학적 충족이유율 모두 절대적으로 불충분하다.

이 점을 염두에 두면, 아그리파가 정의한 의미에서의 '오컬트 철학'에 대한 새로운 접근 방법을 제시할 수 있다. 전통적인 오컬트 철학에서 세계는 드러나기 위해서 (그리고 우리에-대한-세계로 드러나기 위해서) 숨어 있지만, 오늘날의 오컬트 철학에서 세계는 단지 그 숨음만을 우리에게 드러낸다. 이 점으로부터 두 번째 전환이 뒤따른다. 전통적인 오컬트 철학은 열린 세계에 대한 숨은 지식이지만, 오늘날의 오컬트 철학은 세계의 숨음에 대한 열린 지식이다. 과학과 종교 모두에 대한 아그리파의 비판에도 불구하고, 그의 저작이 지향한 바는 여전히 르네상스 인문주의의 범위 안에 있다. 아그리파에 따르면 오컬트적 실천을 통해 인류는 세계에 대한 지식을 얻을 수 있는 것은 물론, "만물의 창조주"와 지고한 "합일"을 이룰 수도 있다. 종교적 광신과 과학의 패권에 대한 열광 사이에서 거의 분열증적인 균형을 이루고 있는 오늘날, 남은 것은 세계의 숨음, 즉 간단히 말해 인간에 대한 세계의 익명적 '저항'뿐이다. 그러므로 전통적인 오컬트 철학에는 지식이 숨어 있지만, 오늘날의 오컬트 철학에는 세계가 숨어 있으며, 종국에는 그 숨음 속에서만 인식할 수 있다. 이것은 세 번째 전환을 암시한다. 즉 전통적인 오컬트 철학은 역사적으로 르네상스 인문주의에 뿌리를 두고 있지만, 새로운 오컬트 철학은 반反인문주의적이며, 사유의 한계로서 비인간을 드러내는 방법을 취한다.

뒤에는 오컬트 철학의 이런 주제와 세계의 숨음을 추적하는 약식略式 읽기 혹은 **강독**lectio이 이어진다. 중세의 철학과 신학에서 강독(문자 그대로 '읽기')은 특정한 글에 대한 명상으로서, 더 진전된 관념으로 나아가기 위한 하나의 출발점이다. 전통적으로 그 글은 성서였고, 그에 대한 강독은 현대의 강의와 비슷하게 구두로 진행되었다. 또한 좀 더 약식으로 이루어지는 짧은 명상(짧은 강독lectio brevior)부터, 보다 정교한 텍스트 주해(어려운 강독lectio difficilior)에 이르기까지 형태가 다양했다. 우리는 문학에서의 마법의 원magic circle 사용을 묘사하는 첫 번째 강독 모음(강독 1~3)으로 시작한다. 여기서 마법의 원이라는 모티프는 자연적인 것과 초자연적인 것의 경계이자 그 사이의 매개 역할을 하는데, 원 자체가 그 역할을 가능하게 한다. 따라서 마법의 원은 경계일 뿐만 아니라, 통로, 입구, 관문이기도 하다. 이런 사례에서 숨은 세계는 자신의 모습을 드러내는 동시에, 암흑과 모호함 속으로 물러난다(따라서 이런 이야기 대다수는 비극적 어조를 띤다). 두 번째 강독 모음(강독 4~6)은 이 모티프를 다른 방향으로 끌어가면서, 경계 역할을 하는 마법의 원 없이 숨은 세계가 모습을 드러내면 어떤 일이 일어날지를 묻는다. 여기에는 얼룩, 질척거리는 물질, 점액, 안개, 구름이 도처에 퍼져 있는데, 이것은 순수한 자연은 아니지만 순수한 초자연도 아니다. 숨은 세계가 경계나 매개 없이 현시하는 이 순간은, 우리에게 이런 질문을 던지게 한다. 자연적인 것과 초자연적인 것의 오랜 경계를 양면적으로 다루고자 하는 새로운 종류의 '정치신학political theology'이 곧 도래할 것인가?

1. 말로의 《포스터스 박사의 비극》부터
   괴테의 《파우스트》 1권까지

요한 하위징아의 놀이에 관한 문화인류학 연구는, 어떻게 놀이가 수많은 의례적 실천과 연관되는지에 주목한다. 이런 실천에서 놀이는 일상 세계로부터 분리되는 동시에 일상 세계를 반영하고 해설한다. 어린아이든 어른이든 우리가 하는 게임은 패권을 쥔 사회구조를 재확인하는 동시에, 놀이 규칙을 우리에게 드러내 보인다. 그것이 운에 좌우되는 게임이든 전략적인 게임이든, 놀이는 이런 양면성을 하위징아가 "마법의 원"이라고 부르는 공간적이고 상징적인 모티프를 통해서 실현한다. 하위징아는 "놀이는 사전에 물질적으로 혹은 관념적으로, 또 의도적으로 혹은 자연스럽게 분리된 놀이-터 안에서 움직이고 존재한다"고 말한다.[4]

마법의 원은 사실 꼭 원이 아니어도 되고, 마법과 관련되지 않아도 된다. "놀이와 의례 사이에 형식의 차이가 없는 것처럼, '성스러운 장소'와 놀이-터도 형식상 구분되지 않는다." 따라서 경기장, 게임판, 혹은 심지어 특수한 넓은 방이나 건물도 마법의 원으로 구체화될 수 있다. "경기장, 카드 테이블, 마법의 원, 사원, 무대, 화면, 테니스장, 법정 등등은 모두 형식과 기능 면에서 놀이-터이다. 즉 특별한 규칙이 존재하는 금지된 장소, 격리되고 사방이 장벽으로 둘러싸인 신성시되는 장소이다."[5]

이러한 일상성에도 불구하고(혹은 오히려 그것 때문에), 하위징아는 "그러나 그런 원에는 마법적 의미가 있다"라고 쓴다.[6] 하위징아에게 마법의 원은 고전적인 세계 신화에 뿌리를 두는데, 이런

신화의 주제는 신이나 우주적 힘의 수중에 있는 운명과 자유의지
이다. 예를 들어 하위징아는 《마하바라타》[*]에서 전설적인 왕 쿠루
Kuru의 후손들 사이에 주사위 게임이 펼쳐진다고 지적한다. 게임이
열리는 곳은 "땅에 그린 단순한 원, 듀타만달람dyūtamandalam이다.
(…) 참가자는 의무를 다 이행하기 전에는 원을 떠나는 게 허용되
지 않는다."[7]

따라서 마법의 원에는 우주의 조화롭거나 신화적인 질서를 반
영하는 우주론적 의미가 있다. 이 의미는 마법의 원이 법률과 위반,
합법과 불법, 신성과 불경의 경계를 구분하는 사회적·정치적 의미
와 불가분의 관계에 있다. 모든 구체화된 마법의 원은 "평범한 세계

---

* Mahābhārata. 인도 고대의 산스크리트어로 쓰인 대서사시이다. 후세의 사상과 문
  학, 그리고 인도 국민의 생활에 큰 영향을 미쳤다.

속에 있는 일시적 세계들로서, 어떤 독자적 행위를 수행하는 데 바쳐진 공간이다."[8]

마법의 원의 가장 주목할 만한 용도는 의례 마법ritual magic 형식에서의 사용인데, 특히 강령술과 악마학에 대한 문학적 재현이 여기 해당된다. 이러한 예에서는 문자 그대로 마법의 원을 이용할 뿐만 아니라, 하위징아 같은 역사가가 지적하는 마법의 원의 (성패를 불문한) 정치적이고 신학적인 측면을 보여주기도 한다. 파우스트 전설이 그 예이다. 파우스트로 알려진 역사적 인물은 적어도 한 명 이상이지만, 그들의 생애에 대해서는 소문 외에는 알려진 바가 거의 없다.

16세기 독일에서는 파우스트의 삶을 자세히 조명하는 몇 권의 책이 유통되었다. 알려진 바와 같이 이런 '파우스트 책'은 그 이야기의 기본 요소, 즉 신앙에 대한 파우스트의 도전, 악마와의 계약, 최후의 몰락과 지옥에 떨어지는 천벌 등을 자세히 다룬다. 어떤 파우스트 책은 그리스도의 기적을 무시한 파우스트가, 어떻게 기적을 쉽게 행하는 능력을 보여주기 시작하는지 전한다. 파우스트는 교회에 맞서 힐책한다. "나는 당신들 생각보다 멀리 나아가, 영원히 악마의 것이 되겠다고 내 피로 맹세했다. 그렇다면 어떻게 돌아갈 수 있는가? 또한 어떻게 구원받을 수 있는가?"[9]

16세기 후반에는 여러 파우스트 책이 번역되어 유럽 대륙에 널리 퍼져 나갔다. 1588년경 영국에서는 《포스터스 박사의 저주받은 삶과 응당한 죽음의 연대기The History of Damnable Life and Deserved Death of Doctor John Faustus》가 출판되었다. 극작가 크리스

토퍼 말로는 이 판본에서 자극을 받아 자신의 첫 번째 파우스트 이
야기인《포스터스 박사의 비극The Tragical History of Doctor Faustus》
을 지었다고 한다([말로의 사후인] 1604년에 출간됐다). 파우스트
전설의 말로 판본은 몇몇 이유로 주목할 만하다. 이 판본은 파우스
트의 의례적 실천에 굉장히 상세한 형식을 부여하는 동시에, 과학
과 종교의 유동적 경계에 대해 난해한 신학적·철학적 물음을 여
럿 제기한다. 말로가 쓴 희곡의 첫 번째 판본은 실의에 빠진 포스터
스가 인간의 온갖 (타당한) 지식의 형태에 의구심을 품고, 이런 지
식이 제한적이고 효력이 없다며 버리는 장면으로 막을 올린다. "존
재와 비존재On kai me on와는 작별일세. 갈레노스,[*] 이리 오게! / 철
학자가 멈추는 곳에서 의사가 시작하는 것ubi desinit philosophus, ibi
incipit medicus을 보며, / 의사가 되게, 포스터스. 황금을 쌓아 올리
게, / 그리고 경이로운 치유를 하여 길이길이 남도록 하게."[10] 말로
는 고전에 대한 학식을 드러내면서, 포스터스의 입을 통해 거의 예
사롭다는 듯 그리스어와 라틴어를 술술 읊는다. 말로는 그리스 철
학에서 매우 핵심적인 "존재와 비존재"에 대한 물음에 작별을 고한
다. 그러고 나서 "철학자가 멈추는 곳에서 의사가 시작한다"는 속담
을 차용하여, 이론에서 실천으로 넘어가려는 의지를 밝힌다.

　　인간의 온갖 지식이 자신에게 무가치하게 보이는 상황에서,
포스터스에게 남은 할 일은 무엇인가? 종교에 귀의해야 하는가? 그
러나 포스터스는 가장 신랄한 구절에서, 종교는 우리가 유혹, 죄악,

---

* 　Claudius Galenus(129~199?). 고대 그리스의 의학자이자 철학자이다.

회개라는 어리석은 악순환에 사로잡혀 "우리 스스로를 기만"하게
한다고 표현한다. 따라서 포스터스는 "신이여, 잘 가라!"라고 요구
한다.[11] 말로의 판본에서는 오직 흑마법만 남는다. 제목 없는 마법
책을 집어든 포스터스는 이렇게 강조한다. "이 마법사의 형이상학 /
그리고 강령술 책은 거룩하구나. / 선, 원, 기호, 문자, 부호 / 아, 이
것이 포스터스가 가장 갈망하는 것이로구나."[12] 이 같은 "선, 원, 기
호, 문자, 부호"라는 마법 도구의 나열은 이미 포스터스가 악마를
소환하는 데 마법의 원을 쓰게 하는 길을 열고 있다. 그 행위는 파
우스트 전설을 규정하게 된다.

1616년 출간된 두 번째 판본의 희곡은 무대 연출이나 내용 전
환이 훨씬 극적인데다 대재앙의 분위기까지 만들어내지만, 주요 장

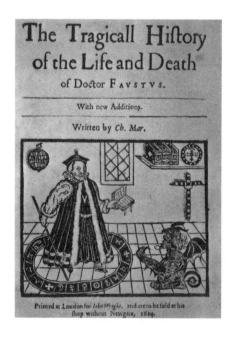

면은 두 판본 모두에서
등장한다. 두 번째 판본
은 천둥과 폭풍으로 시
작한다. 포스터스가 서
재에서 흑마법 서적을
들고 있는 모습이 보인
다. 그의 머리 위에는 루
시퍼를 비롯한 악마의
무리가 떠 있다. 포스터
스는 자기 위에 떠 있는
무리를 눈치채지 못하지
만, 우리 관객은 그들이

기다리는 모습을 볼 수 있다. 이 의례는 전문을 인용할 가치가 있다. 특히 포스터스가 마법의 원을 사용하는 것을 원소의 힘과, 그리고 심지어 행성의 힘과 결부시키기 때문이다.

지금 밤의 음울한 그림자가

반짝이는 오리온자리를 보고파,

남극에서 하늘까지 뛰어올라

그 까만 숨결로 창공이 어둑해지니,

포스터스, 그대의 주문을 시작하라.

그대가 저 악마에게 기도하고 희생했으므로

악마가 그대의 분부를 따를지 시험하라.

[그가 원을 그린다]

이 원 안에 철자 앞뒤가 바뀐

여호와의 이름이 있네.

성인들의 약칭,

천국에 있는 온갖 것의 형상,

기호와 부정한 별의 문자,

그로써 영들을 강제로 일으키네.

두려워 말라, 포스터스, 단호하라,

마법이 할 수 있는 극한을 시도하라.[13]

연이어 더 많은 천둥이 치고, 포스터스가 영을 불러내는 라틴어 주문을 왼다. 악마 메피스토펠레스가 등장한다. 둘은 대화를 시작하고, 결국 포스터스는 악마와의 계약에 피로 서명한다. 그런데 이 구절에서 눈에 띄는 것은 오컬트 철학의 '숨은 세계'가 갑자기 나타나서 대재앙으로 드러나는 방식이다. 행성이 움직이고 바람이 울부짖는 가운데, 악마가 연기 속에서 나타난다. 이는 분명 현대 공포영화의 소재이다. 그러나 이 모든 굉장한 광경에도 불구하고, 극이 끝날 때쯤에 그 세계는 그림자가 드리워 숨겨진다. 계약을 이행하기 위해 포스터스가 하계로 끌려 들어가는 마지막 장면까지도.

또 흥미로운 것은 말로가 엘리자베스 시대의 두 가지 음울한 지식 체계를 하나로 모은다는 점이다. 하나는 오컬트 철학, 그리고 그 속에서 소우주와 대우주의 연결이다. 다른 하나는 마법과 악마학에 대한 계속 진행 중인 논란과 박해이다. 두 담론 모두 당대의 신학자와 입법자 사이에 치열한 논쟁을 불러일으켰다. 논쟁의 주제는 주로 자연적인 것과 초자연적인 것의 관계, 또는 행성이나 원소에 관한 '과학적' 우주론과 천사나 악마 혹은 다른 영적 피조물에 관한 '종교적' 위상학의 관계이다. 말로의 포스터스는 단순히 온갖 욕망을 채우려는 흑마법사가 아니며, 대학 같은 교단의 합법적 기관의 전당 내에 안주하는 공인된 박사도 아니다. 그렇기는커녕 그는 마법의 원을 사용하면서도, 자연적인 것과 초자연적인 것의 구별, 오리온자리나 남극의 우주적 힘과 천사나 악마의 영적 힘의 구별을 알지 못하고 알 수도 없는 사람이다.

파우스트 전설의 괴테 판본에서는 흥미롭게도 이 장면의 극적인 연출이 거의 다 빠졌다. 그러나 원의 모티프는 괴테 작품의 초반 장면들 내내 이어진다. 《파우스트》 1권(1808)에서 괴테는 몇 쪽

에 걸쳐 깊은 상념에 잠긴 파우스트를 그린다. 그는 독일 낭만주의
의 전형적인 반反영웅처럼 침울한 상태에 빠져, 궁극적 지식을 찾
고 있다. 말로의 포스터스처럼, 괴테의 파우스트도 철학, 과학, 종교
라는 인간의 공식적 지식을 버린다. 파우스트에게 세계는 숨어 있
고, 세계에 대한 그 어떤 **인간적** 지식이나 접근이라도 가치 있는 것
을 드러낼 수 있을지 의심스럽다. 파우스트는 한탄한다. "어떤 비밀
의 힘이 / 세계에 숨어서 그 세계의 노정을 지배하는지 보게 될지
도 모른다. / 글을 반추하지 말고 / 창조의 빛을 상상하라."[14] 파우
스트는 책만으로 배우는 데 조바심을 느끼고, 이는 그가 낭만주의
적으로 세계 자체를 끌어안도록 이끈다. 물론 이런 몸짓을 하면서
도, 파우스트는 마법 책을 들고 다닌다. "달아나라! 탁 트인 곳으로
나가라! / 신비로 가득한 이 책, / 노스트라다무스가 쓴 / 이 책이
함께 걸을 동료가 아니겠는가?"[15]

　말로의 판본에서 본 것 같은 마법의 원 장면은 없지만, 괴테는
우리에게 마법의 원과 비슷한 무언가를 제시한다. 그렇지만 극적
사건은 모두 그것을 관조하는 가운데 일어난다. 궁극적 지식을 갈
구하는 파우스트는 우선 대우주의 상징을 관조한다. 우주와 그것의
모든 층위를 보여주는 천구의 도해인 이 상징은, 르네상스 시기의
연금술 논고에서 자주 접할 수 있다.

　말로의 포스터스처럼, 괴테의 파우스트도 다시 세계의 숨음이
지닌 신비를 언급한다. 파우스트는 어떤 신성한 힘 때문에 "내 주위
에서 자연의 숨은 힘이 현현하는가?"라고 묻는다.[16] 파우스트는 이
러한 명상으로 만물의 상호 연관성을 통찰하게 된다. 그는 "모든 신

경을 가로질러 내 혈관이 불타오른다"라고, 또 "모든 것이 전체로 엮여 들고, / 각자가 서로의 영혼 안에 살고 있다"라고 말한다.[17]

그러나 세계의 숨음에 대한 이 최초의 '극적' 관조는 파우스트를 절망에 빠뜨릴 뿐이다. 그는 오직 모든 인간 지식의 한계만을 깨닫는다. 다른 책을 집어 든 파우스트는 지령地靈, Erdgeist의 상징을 바라보며, 두 번째 관조로 나아간다. 현대의 비평가들은 이 지령이 정확히 무엇인지 토론해왔다. 그 토론에 따르면 지령은 연금술의 상징이거나, 순환적 혹은 계절적 시간과 연관된 이교의 상징이거나, 자연에 대한 낭만적 의인화의 다른 이름이다. 그것이 무엇이든 간에, 이로 인해 파우스트는 약간 흥분한 채 행성의 근본적 신비를 반추한다. 요컨대 파우스트는 툭툭 끊어지는 짤막한 구절들에서 구름, 폭풍, 달, 바다에 주목한다. 마침내 파우스트는 지령을 실제로 불러오는데, 이 지령은 파우스트가 견디기에는 너무 밝은 불꽃으로 나타난다. 괴테의 《파우스트》 속 다른 부분에도 마법의 원에 대한 탐닉이 드러난다. 축제에서 마을 사람들은 파우스트를 원으로 둘러싸고 찬양한다. 또 같은 축제에서 정체를 알 수 없는 검은 개가 파우스트 주위에 원을 그리며 따라다니는 듯하다. 나중에 파우스트와 대화를 나누던 메피스토는 문 위에 그려진 마법의 별 문양 때문에 파우스트의 서재를 떠날 수 없다. 이를 비롯한 여러 사례는 마법의 원에 대한 괴테의 탐닉을 심화하는데, 이는 파우스트의 관조에서 나타나는 핵심 특징으로 나아간다. 그 특징은 마법의 원이 세계-자체의 숨음을 역설적으로 드러낸다는 것이다.

2. 휘틀리의 《악마가 타고 나가다》부터

블리시의 《검은 부활절, 또는 파우스트 알레프 널》까지

현대에 파우스트 전설은 무수히 각색되었다. 여기서 이 점을 굳이 증거로 뒷받침하려는 것은 아니지만, 20세기의 두 가지 사례를 들고자 한다. 특히 이 사례에서 마법의 원의 모티프를 이어가는 방식을 언급할 것이다. 1934년 출판된 데니스 휘틀리의 선정적 소설 《악마가 타고 나가다》는 아마도 공포 장르에서 가장 상세하고 정교한 마법의 원 장면 중 하나를 담고 있을 것이다. 주인공인 드 리슐로 공작은 늠름하고 신사적인 인물로서, 흑마법에 대한 지식을 통해 심지어 영국 정보기관보다 한 수 앞서서 미스터리를 풀어낸다. 휘틀리는 리슐로가 등장하는 소설을 여러 편 썼는데, 《악마가 타고 나가다》에서는 수상한 흑마법사가 리슐로의 몇몇 친구를 마녀의 집회로 유인하려 한다. 휘틀리의 다른 소설에서처럼, 여기서도 리슐로는 《드라큘라》의 반 헬싱과는 달리 마법과 싸우기 위해 마법을 쓴다. 그러므로 리슐로는 깊은 흑마법 지식 덕분에 흑마법의 최대 적수가 되는 것이다.

현대 런던의 사탄주의와 관련된 정교한 플롯을 갖춘 이 소설 중반에, 리슐로와 친구들은 흑마법사 모카타에 맞서 최후의 저항을 한다. 이 장면에서 리슐로는 한 친구의 집에서 끈기 있게 마법의 원을 만들 준비를 한다. 리슐로, 리처드(확고한 회의주의자), 메리 루, 사이먼은 가구와 양탄자를 모두 치운 후, 바닥을 쓸고 걸레질한다. 리슐로는 "방을 샅샅이 살펴봐야겠어. 악의 유출물은 먼지 한 톨에도 들러붙어서 그놈이 나타나도록 도울 수 있으니까 있으니까"라고 말한다.[18] 그리고 그들은 깨끗이 세탁한 간소한 옷으로 갈아입는다. 그다음에 리슐로는 분필, 끈, 자를 이용해 바닥에 완벽한 원을 그린다. 이 바깥쪽 원 안에 안쪽 원을 또 그린다. 그러고 나서 각 끝점은 바깥 원에 닿고 각 골은 안쪽 원에 닿는 오각별[*]을 그린다. 리슐로는 원의 가장자리에 카발라의 세피로스[†] 기호를 비롯한 고대 상징들과 함께 라틴어로 구마 주문을 새긴다. 그런 다음 여러 물건으로 "아스트랄 요새"를 완성한다. 오각별의 골마다 놓인 성수를 담은 은잔, 오각별의 끝점마다 놓인 희고 긴 양초, 편자, 맨드레이크[‡] 뿌리, 그리고 각자가 지닌 묵주, 마늘 한 두름, 아위asafetida 풀, 소금과 수은을 담은 작은 유리병 등이 그 물건이다.

리슐로는 게임의 규칙과 위험을 설명한다. "무슨 일이 일어날지 전혀 몰라. (⋯) 놈이 어떤 형태로 공격할지 알 수 없거든. (⋯) 놈이 가공할 만한 위력을 보일지도 몰라. 하지만 다른 무엇보다 이 점을 기억해야 해. 이 오각별 안에만 있으면 안전할 거야. 하지만 만약 단 한 명이라도 이 밖으로 발을 내디딘다면, 우리는 영원한 지옥에 떨어지는 것도 각오해야 해."[19] 사건은 단계적으로 일어난다. 첫 번째 단계는 전혀 초자연적이지 않은 듯하다. 심리적 혹은

---

[*] pentagram, pentacle. 뿔이 다섯 개인 별 문양(☆)으로, 마귀를 쫓는 힘이 있다고 여겨졌다.

[†] Sephiroth. 카발라에 따르면 '세피로스의 나무'는 우주 전체의 상징으로, 총 열 개의 세피라sephirah(구球)와 스물두 개의 통로로 이루어진다. 각 세피라에는 '지혜, 자애, 이해' 등과 같은 특별한 속성과 대천사가 있으며, 인간은 스물두 개의 통로를 거치며 세피라를 하나씩 터득한다.

[‡] mandrake. 마취제에 쓰이는 유독성 식물로, 마력이 있다고 여겨졌다.

정서적 장애가 일어난 것이다(리처드는 아무 일도 일어나지 않자 점점 참을성이 없어져, 마법의 원에서 나가 자려 가려 한다). 두 번째 단계에는 방 자체에서 이상 현상이 나타난다(빛과 그림자의 기이한 움직임, 방 안에 난데없이 부는 세찬 바람). 이 두 단계는 기이한 "불不 인간"* 존재라는 세 번째 단계를 위한 준비일 뿐이다(끈적하고 어두운 그림자가 천장을 덮고, "희미한 인광성 얼룩이 (…) 일렁이면서 퍼져서 커다란 무더기를 이룬다. (…) 눈이나 얼굴은 없지만 끔찍하고 사악한 영이 뿜어져 나온다").[20] 다른 모든 시도가 실패로 돌아가자, 죽음의 천사가 어슴푸레한 검은 종마種馬의 모습으로 나타나 그

---

* ab-human. 윌리엄 호프 호지슨William Hope Hodgson(1877~1918)이 소설《밤의 대지The Night Land》에서 사용한 용어로, 고딕소설에서는 흡혈귀나 늑대인간처럼 괴물이 될 수 있는 존재를 뜻하기도 한다.

들의 생명을 앗아가려 하면서, 이야기는 절정으로 치닫는다. 리슐로는 이 최후의 공격을 끝내 격퇴하기 위하여 ([가상의] "시그산드 필사본Sigsand manuscript"에 실린) 비장의 마법 주문을 사용한다. (1986년에 해머 스튜디오에서 각색한 영화 〈악마가 타고 나가다The Devil Rides Out〉는 이 장면에 많은 시간을 할애했는데, 흥미롭게도 여기에서 마법의 원은 일반적으로는 영화에 대한, 특수하게는 공포영화에 대한 일종의 알레고리가 된다.)

공격의 각 단계에서 리슐로와 친구들은 시험에 든다. 소설에서 이 시점까지는 초자연적인 것에 대한 실제적이고 직접적인 증거는 없다. 비록 사탄을 숭배하는 마녀의 집회를 언급하기도 하고, 리슐로가 이에 대해 해박한 지식이 있다지만, 우리 독자는 초자연적인 것을 실제로 목격하지는 못한다. 그리고 이 시점에 그들은 마법의 원을 그리고, 게임의 규칙을 세운 뒤, 실행에 옮기기 시작한다. 그리하여 초자연적인 것이 모습을 드러낼 수 있게 된다. 처음에 초자연적인 것은 관념론과 구별하기 어려운 형태로 나타난다(다시 말해서 그것은 초자연적인 것에 대한 **사유**로부터, 가능하거나 불가능한 것으로서 나타난다). 그다음에는 생명 없는 원소의 힘의 형태로 나타난다(빛과 어둠, 불꽃과 그림자). 이어서 비천한 괴물로, 즉 원의 바로 바깥에서 파도처럼 너울거리고 몸부림치는 "이름 없는 것"으로 나타난다. 그리고 마지막으로 죽음의 형상 자체가 다가온다. 죽음이 종마로 구현되기 때문에, 죽음 자체의 더욱 심원한 형이상학적 미지는 감춰진다. 따라서 마법의 원은 세계의 '숨음'이 스스로 드러나도록 할 뿐 아니라, 이렇게 숨어 있는 세계-자체에 대한 합리적 수용의 불가능성으로부터 인간 주체를 보호하기도 한다. 이는 단순한 착각과 속임수, 과도한 상상력 등등으로 치부될 수도 있다. 그렇지만 하위징아가 일깨워주듯 마법의 원은 세계의 거울이기도 하기에, 세계의 숨음도 단순한 관념론 이상으로, "모두 망상에 불과한 것" 이상으로 이해해야 한다.

휘틀리의 소설은 말로와 괴테의 파우스트 이야기에 나오는 전통적인 마법 관념을 계승한다. 여기서 마법은 과학이라 불리는 것과 완벽하게 분리되지는 않지만, 그렇다고 그저 동등하지만도 않다. 이러한 여러 사례에서 마법, 특히 흑마법은 지식의 사생아로 여겨진다. 이는 주로 정통적인 종교의 세계관(신의 피조물로서의 세계)과, 당시 급성장하던 과학적 세계관(이성과 실험으로 그 자체를 인식할 수 있는 세계) 둘 다와 대립하기 때문이다. 흑마법으로 얻은 지식은 신의 로고스가 우리에게 준 세계에 대한 지식이 아니며, 인간 이성의 책략이 생산한 지식도 아니다. 흑마법의 지식은 주어진 세계(종교)나 생산된 세계(과학)보다는, 본질적으로 숨은 세계에 관한 지식이다(혹은 그런 지식이라고 주장된다). 이런 이유로 흑마법이 참칭하는 지식은 오컬트[은닉된] 지식이지만, 오로지 마법의 원이라는 지형 내에서만 명백하게 드러나는 지식이다.

우리는 말로와 괴테의 작품에는 인간 지식의 지위를 둘러싼 대화가 많지만, 그럼에도 파우스트의 주된 동기는 실천적이라는 사실을 간과하곤 한다. 다시 말해 그런 오컬트 지식이 도구라는 걸 간과하는 것이다. 오컬트 지식을 단지 철학적인 문제만이 아닌, 하나의 도구로 활용하거나 변형할 수 있는 자원으로 받아들인다면, 어떤 일이 벌어질까? 분명 이런 일은 휘틀리의 소설에서 리슐로가 마법에 대항하여 마법을 쓸 때, 즉 오컬트 지식과 오컬트 지식이 맞붙을 때 어느 정도 벌어진다. 하지만 흑마법을 환기시키는 이 모든 미학에도 불구하고, 《악마가 타고 나가다》에는 여전히 진부한 도덕적 틀(백마법 대 흑마법)이 깊게 새겨져 있다. 리슐로는 숨은 세계를 도구화하는 일의 실천적 역설에 대해서는 결코 발설하지 않는다. 그것은 그 정의상 인간이 이해할 수 없는 것을 취하여, 도구나 무기로 변형시킨다는 역설이다.

제임스 블리시의 소설 《검은 부활절》은 이런 역설을 다룬다. 이 소설의 원래 부제는 "파우스트 알레프 널"이었다. 종교와 과학을 다루는 소설 시리즈 중 한 권으로 1968년 출판된 《검은 부활절》은, 파우스트 전설을 취해 핵전쟁이라는 현대적 맥락에 삽입한다. 소설의 전제는 단순명료하다. 베인스라는 부유한 무기 제조업자는 모든 악마를 하루 동안 세상에 풀어놓으려 한다. 짐작건대 파우스트와 마찬가지로 자기 분야의 지식을 모조리 소진했고, 무기를 만들어 전 세계적 자본을 축적할 수단도 다 써버린 듯하다. 아직 개발되지 않은 유일한 무기는 사실 모든 무기 중의 무기인 초자연적 무기뿐이다. 베인스는 이러한 무기를 찾아서 (교회에게는 대단히 유감스럽게도) 일종의 누아르풍 사설탐정으로 일하던 세런 웨어라는 유명한 마법사를 찾아간다. 웨어는 아주 냉정한 태도로 베인스에게 단도직입적으로 말한다. "모든 마법은, 다시 말하지요, **모든** 마법은 무엇이든 예외 없이 악마의 지배를 받고 있습니다."[21] 블리시의 근미래 시나리오에서는 여러 가지 현대적인 제도와 기관을 엿볼 수 있다. 통합 전투부대, 개혁된 불가지론 정교회, 반反물질 무기화 관련 정부 싱크탱크, 《핵무기의 효과》 보고서, 현재 진행 중인 이스라엘과 팔레스타인 분쟁에 즉시 투입될 비밀 무기 거래 등이 그것이다.

《검은 부활절》의 절정은 실제로 영혼을 불러내는 장면인데, 마치 파우스트의 주문과 입자물리학 실험 사이의 무언가처럼 묘사된다. 웨어는 실험실에서 악명 높은 《대마도서Grand Grimoire》를 비롯한 수많은 마도서를 참고하는데, 겉보기에는 파우스트를 훌쩍 능가한다. "웨어는 거대한 원을 잠시 바라보더니, 그 주위를 시계 방향으로 돌아 성서낭독대로 걸어가서 계약이 적힌 책을 펼쳤다. 빳빳한 책장이 그의 손안에서 다행히 휘어졌다. 각 페이지 윗부분에는 악마의 문자나 기호가 그려져 있었고, 그 아래에는 세런 웨어와 그 존재의 협정이 적혀 있는데, 그 내용은 이런 극히 중요한 일에 사용하는 담즙, 녹반, 아라비아 고무로 이루어진 특수 잉크로 쓰여 있었다. 맨 아래에는 세런 웨어가 자기 피로 서명을 했고, 악마는 손수 이 서명을 악마의 문자로 되풀이해 썼다."²² 소설의 이어지는 내용에서는 악마의 이름과 기호 및 그에 대한 묘사가 담긴, 웨어가 만든 거의 무한한 목록이 이어진다.

물론 이런 실험이 다 그렇듯이, 이 역시 지독하게 잘못되어간다. 아니, 사실 지나치게 잘되어간다. 모든 악마가 지구에 풀려나자, 뒤이어 자연재해가 일어나고 긴급 방송 시스템이 작동한다. 베인스는 당황했지만, 뉘우치는 기색도 없이 군 과학자에게 말한다. "우리가 결과를 오판한 것 같소. 그러나 어떤 일이 벌어졌든 **우리**가 만든 결과지요. 바로 우리가 이 계약을 맺은 거요. 악마든 비행접시든 방사성낙진이든 뭐가 다르겠소? 그것들은 그저 방정식 부호이고, 우리가 즉시 수긍할 어떤 방식으로 채울 수 있는 변수일 뿐이요. 당신은 악마가 아닌 전자電子라면 만족하겠소?"[23] 대재앙은 바포메트*의 등장으로 막을 내린다. 바포메트는 대재앙 자체의 음성으로, 매우 극적으로 말한다. **"우리는 적그리스도가 없어도 된다. 그는 전혀 필요하지 않았다. 사람들은 언제나 제 발로 내게 왔다."**[24]

어떤 면에서 《검은 부활절》은 핵 시대와 상호확증파괴†라는 무시무시한 위협에 대한 알레고리로 이해하기 쉽다. 핵물리학 대신 흑마법, 과학자 대신 마법사, 종교 분쟁 대신 국가 간 분쟁 등등이 등장한다. 그러나 《검은 부활절》은 판타지 작품이 아니다. 분명 사변소설조차 아니다. 알레고리적 독법은 특정 순간에 형이상학적 소설 독법으로 바뀐다. 그러나 이 소설을 이렇게 받아들인다고 해서, 마법의 실재성을 인정하거나 부인해야 하는 것은 아니다. 이 소설의 형이상학은 세계와 그 숨음을 불러내는 데 있다. 특히 숨은 세계를 재앙처럼 드러내는 그 무기가, 인간이 일으킨 전쟁과 자연발생적 재해와 종교적 종말의 구별을 거의 불가능하게 만들 때 그렇다.

---

* Baphomet. 마녀가 숭배했다고 알려진 악마로서, 머리와 다리는 염소, 몸은 인간 여성의 모습이며, 등에는 날개가 달렸다. 이슬람교의 창시자 마호메트의 이름이 변형된 것으로, 기독교에서는 이교도적 악마를 의미하거나 때로는 악마 전체를 의미하기도 한다.

† Mutually Assured Destruction. 적국이 핵 공격을 가할 경우, 적의 미사일 등이 도달하기 전이나 후에 남아 있는 전력을 이용해서 상대편도 전멸시키는 보복 핵 전략을 가리킨다.

3. 호지슨의 《유령 사냥꾼 카나키》부터
텔레비전 드라마 〈외부 경계〉의 에피소드 〈경계지〉까지

지금까지 하나의 주제에 대한 여러 변주를 살펴보았다. 그 주제는 마법의 원의 오컬트적 사용에 대한 문화적 재현이었다. 이런 이야기들에서 마법의 원이 유지하는 기본 기능은 자연적인 것과 초자연적인 것의 경계를 관리하는 것이다. 그때 마법의 원은 때로는 보호 장벽 역할을 하고, 때로는 안전한 원 안에 초자연적인 것을 불러낼 수 있게 해준다. 이제 우리는 다음 단계로 나아갈 수 있다. 즉 마법의 원 안이나 바깥에서 벌어지는 이상 현상이 아니라, 마법의 원 자체**에서** 일어나는 이상 현상의 사례를 살펴보는 것이다. 그렇다고 해서 마법의 원이 오작동하거나 잘못 그려졌다는 의미는 아니다. 어떤 사례에서는 그런 이상 현상이 숨은 세계의 경계이자 매개인 마법의 원 자체가 새로운 속성이나 성향을 드러내는 걸 의미할 수도 있다.

딱 들어맞는 사례가 19세기에 유행한 소설 양식인 '오컬트 탐정'이라는 하위 장르에 있다. 이런 종류의 이야기에서 영웅-주인공은 현대의 과학 지식과 고대의 마법 지식을 결합해서, 원인이 초자연적일 수도 아닐 수도 일련의 범죄와 미스터리를 해결한다. 소설로는 앨저넌 블랙우드의 《존 사일런스, 탁월한 의사John Silence-Physician Extraordinary》와 셰리든 레 퍼뉴의 《유리잔 속에서 어둡게 In a Glass Darkly》가, 논픽션으로는 찰스 포트Charles Fort의 《저주받은 자의 책The Book of the Damned》이 그 사례이다. 이런 유의 이야기는 〈엑스파일X-files〉이나 〈프린지Fringe〉 같은 현대 텔레비전 드라마의 선구일 뿐만 아니라, 과학과 마법의 새로운 관계를 수립하기도 한다.

1913년 소설집 《유령 사냥꾼 카나키Carnacki the Ghost-Finder》로 발표된 윌리엄 호프 호지슨의 오컬트 탐정 이야기는 마법의 원을 재창조했다는 점에서 주목할 만하다. 호지슨의 작품에 등장하는 토머스 카나키라는 탐정은 오컬트 지식이 도저하고 해박할 뿐만 아니라, 다양한 기계, 도구, 장치도 겸비하고 있다. 교묘한 추리로 미스터리를 해결하는 다른 오컬트 탐정과 달리, 카나키는 합리적이고 '과학적인' 사고와 직업에 적합한 도구를 결합한다. 몇몇 도구는 창과 문을 봉하는 (그래서 밤새 침입자가 있었는지 알아내는) 촛농처럼 간단하고 저차원적인 기술이다. 다른 도구는 20세기 초 기준으로 꽤 현대적이다. 집이나 방에 침입한 영을 시각화하려 사진을 이용하는 것이다. 그렇지만 또 다른 도구는 아주 오래되고 마력이 있다. 가령 카나키는 물의 원을 사용하고, 종종 특별한 주술이나 주문을 위해 고대 영어로 쓰인 "시그산드 필사본"을 이용하기도 한다.

이런 유형의 도구는 대부분 어떤 존재가 초자연적인지 아닌지 입증하는 데 이용한다. 하지만 다른 모든 것을 능가하는 도구는 카나키 자신이 설계하고 발명한 "전기 오각별"이다. 이것은 카나키가 나오는 여러 이야기에 등장한다. 〈괴물의 통로The Gateway of the Monster〉에서 카나키는 어느 집에서 유령이 출몰하는 방을 조사한다. 동네 주민들은 문이 쾅 닫히고, 가구가 이리저리 움직이며, 이상한 커튼이 둥둥 떠다닌다고 호소한다. 이 자체는 특별할 것 없는, 고전적인 고딕풍 유령이 출몰하는 징후일 뿐이다. 그러나 카나키의 접근법은 독특하다. ("회색 방"으로 불리는) 그 방에서 하룻밤을 보내기로 결심한 카나키는 시그산드 필사본을 참조하여 바닥에 전통적인 마법의 원을 그린다. 앞서 언급한 사례들에서와 마찬가지로, 이것은 카나키가 "외부의 괴물"이라고 부르는 것에 맞서는 방벽 또는 보호막이다.

그렇지만 그 자체만으로는 충분하지 않다. 여기서 카나키는 비교祕敎, esoteric 연구를 호출하는데, 여기에는 가더 교수라는 사람의 강의록이 포함된다. 바로 "60억 한도 이하 뇌전腦電 진동과 비교한 아스트랄 진동"이라는 강의다. 카나키는 연구를 요약하며 다음과 같이 말한다. "매질Medium을 둘러싼 진공관에 전류를 흐르게 하니까, 매질이 그 힘을 잃었어. 마치 영매Medium가 영적인 것으로부터 단절된 것처럼 말이야. 덕분에 많은 생각을 하게 되었고, 그렇게 특정 유령이 나타났을 때 가장 훌륭하게 '방어'해주는 전기 오각별을 만들게 되었지."[25] 사실상 카나키는 진공관 기술을 이용해 스팀펑크* 마법의 원을 발명한다. "나는 이제 전기 오각별을 설치하는 작업을 시작했어. '꼭짓점'과 '골' 각각을 바닥에 그린 오각별의 '꼭짓점'과 '골'에 딱 맞췄지. 그다음 배터리를 연결하는 순간, 서로 얽힌 진공관들에서 옅은 파란색 섬광이 빛났어."[26] 말로와 괴테는 나름의 이론에 따라 과학과 마법을 암시적으로 결합하는 반면에, 호

---

* steampunk. 과학소설을 비롯한 대중문화의 하위 장르로서, 18~19세기의 증기기관을 기반으로 기술이 발달한 가상 세계를 배경으로 한다. 스팀steam은 증기기관을, 펑크punk는 1970~1980년대 주류 사회에 반기를 든 하위문화를 뜻한다.

지슨은 그 둘을 물질적으로 결합한다. 전통적인 오각별을 스팀펑크 계통의 진공관에 겹쳐놓은 것이다.

　　대부분의 경우 카나키의 전기 오각별은 거대한 "죽음의 손", 섬뜩한 "핏방울", "사이티이Saiitii의 현시", 혹은 "외계"의 "불인간"이 드리우는 그림자 등으로부터 보호해주는 방벽 역할을 한다. 하지만 한 경우에는 전기 오각별이 다른 일도 한다. 〈돼지The Hog〉라는 이야기에서 카나키는 우주의 돼지 떼의 이미지와 소리에 빙의된 남자를 치료하려 한다. 카나키는 그가 단순히 미쳤거나 환각에 빠진 것이 아니라고 확신하고, 정교하게 만든 전기 오각별 안에 남자를 숨긴다. 이 전기 오각별을 이루는 색이 다른 진공관들은 각각 다른 종류의 현시를 알릴 수 있다. 그런데 이 원의 중심은 보호벽 역할을 하기는커녕, 안개 자욱하고 한없이 깊은 검은 구덩이로 변하여 다른 차원으로 가는 관문이 되었다. "그때 대단히 신기한 일이 일어났어. 검은 잔처럼 특이하게 생긴 구덩이의 가장자리를 따라 갑자기 강렬한 빛이 나타났지. (…) 그리고 별안간 나는 그 구덩이 속 엄청 깊은 곳에서 올라오는 것의 무시무시한 성질 혹은 '기운'을 알아챘지."[27] 마침내 나타난 것은 비현실적이고 악마적인 동물이다. "천천히 흔들리며 소용돌이치는 깔때기 구름 사이로 어슴푸레하게 거대한 것을 보았지. 알 수 없는 심연에서 솟아오른 기괴하고 창백한 주둥이였어. (…) 그리고 혐오스러운 지성이라는 일종의 지옥의 빛이 깃든 돼지 눈이었어."[28] 호지슨의 카나키 이야기에서 전기 오각별은 마법과 과학의 혼종이지만, 〈돼지〉 같은 이야기에서는 마법의 원의 전통적인 쓰임새를 뒤집는다. 전기 오각별은 자연적인 것과 초자연적인 것 사이의 보호막을 제공하고 방벽 역할을 하는 대신, 사실상 그 사이를 연결하는 통로를 또렷하고 강력하게 만든다. 그에 따라 '숨은 세계' 자체가 차원을 넘어선 괴물의 일종으로서 드러난다.

이와 같은 발상은 명작 텔레비전 시리즈 〈외부 경계Outer Limits〉의 에피소드 〈경계지The Borderland〉에도 나온다. 1960년에 방영된 레슬리 스티븐스 감독의 이 에피소드는, 오컬트 탐정 장르와는 다른 면이 있기는 하지만 마찬가지로 과학과 마법을 나란히 둔다. 에피소드는 의미심장하게도 강령회séance 장면으로 시작된다. 한 늙고 부유한 사업가가 얼마 전 교통사고로 세상을 떠난 아들과 교통하고자 한다. 그러나 강령회에 참여한 모두가 영매를 믿는 것은 아니었다. 한 조수는 천과 끈으로 된 조잡한 도구를 폭로하여 영

매 일당의 속임수를 밝혀낸다. 강령회가 실패로 돌아간 후, 망자와 접선할 수 있는지에 대해 논쟁이 벌어진다. 테이블에 함께 있던 다른 참석자들은 첨단 터빈 동력을 사용해 4차원 입구를 여는 연구를 하는 과학자들이다. 자석으로 간단히 실연하고 짧은 양자물리학 입문 강의를 한 과학자들은, 사업가에게 잠깐 동안 도시의 발전소를 몽땅 써서 그 입구를 열어보자고 설득한다. 그 피안으로 건너가는 사람은 사업가의 죽은 아들도 찾아야 한다.

이 에피소드 분량의 대부분은 실험을 자세히 설명하고 있다. 전기 오각별이 형태와 기능 면에서 여전히 전통적인 마법의 원이라면, 여기에서 마법의 원은 다르다. 실험실 중앙에 있는 큰 공간은 승강장 또는 관문이다. 그 주변에는 거대한 자석, 전자 스캐너, 테이프로 구동되는 컴퓨터를 비롯한 다양한 이름 없는 실험 장비가 배열되어 있다. 이 '블랙박스'는 마법의 원이지만, 마법이 아니라 실험 물리학 기술로 만들어졌고, 작동 원리는 마법의 단어나 기호가 아니라 원자 자기학이다. 이 에피소드는 각 실험 단계에 대한 계획을 상세히 소개하는데, 실험실 기술자가 단조로운 목소리로 읊는 설명과 데이터는 또 다른 종류의 마도서처럼 들린다. 실험이 정점에 이르렀을 때, 과학자는 4차원으로 들어간다. 에피소드에서 4차원은 초현실주의 영화 같은 멋진 몽타주 기법으로 묘사된다. 과학자의 의식 속에서 시간과 공간이 무너져 내리지만, 망자를 수색하는 일은 헛수고가 된다. 오컬트 탐정 장르가 여전히 과학과 마법의 균형을 유지하고자 한다면, 〈외부 경계〉 여러 에피소드는 최첨단 과학을 신종 오컬티즘으로, 우리가 본 것 같은 전자기장 실험실을 신종 마법의 원으로 내세운다. 실험실이 마법의 원이라면, 그곳에서의 실험은 마법 의식이다.

4. 러브크래프트의 〈저 너머에서〉부터
이토 준지의 《소용돌이》까지

이쯤에서 잠시 복기해보자. 앞서 강독에서 마법의 원은 세계의 숨음으로 향하는 관문 또는 입구 역할을 했다. 그리고 어떤 경우에는 원의 사용이 자연적인 것과 초자연적인 것의 구별을 보장하고, 자연적인 것 안에서 초자연적인 것이 현시할 수 있게 해준다. 자연과 초자연 사이의 통로가 비교적 제한된 말로와 괴테의 파우스트 이야기에서도 그렇다. 자연적인 것과 초자연적인 것의 구분이 고스란히 남은 채로, 초자연적인 것을 불러오는 것이다. 예를 들어 말로의 희곡 마지막 부분에서 포스터스는 지옥으로 끌려 내려가고, 세계의 우주론은 지금껏 그래왔듯 그대로 남는다.

그렇지만 우리가 살펴본 것처럼 마법의 원의 의례적 측면이 미치는 영향은 더욱 광범위하다. 그것은 날씨, 일상적 사물, 개인의 신념과 욕망, 심지어 괴테의 《파우스트》 2권에서처럼 세계사적 사건에 이상 현상을 일으킨다. 초자연적인 것이 자연적인 것으로 흘러들기 시작한다. 둘 사이의 경계를 제어하던 마법의 원은 걷잡을 수 없는 통제 불능 상태에 빠진다. 이는 마법의 원 '안'의 인간 주체가 원 밖에 있는 (따라서 인간 지식의 범위 밖에 있는) 것을 통제하고 이해하려고 분투하기 때문이다. 이러한 투쟁은 휘틀리의 《악마가 타고 나가다》에서는 종교적 도덕성의 차원에서, 블리시의 《검은 부활절》에서는 지정학과 핵전쟁의 차원에서 다뤄진다. 마법의 원의 사용이 지형적으로 보장하는 자연적인 것과 초자연적인 것의 경계는 점차 모호해진다. 이 모호함의 마지막 단계는 오컬트 탐정이라는 하위 장르에서 보았듯이 마법의 원 자체가 변칙적으로 작동하기 시작하는 것이다. 어떤 경우에 이 원은 전통적 기능을 전복하고, 초자연적인 것과 자연적인 것 사이의 모호함을 증폭한다.

〈외부 경계〉의 에피소드에서는 인류가 자신의 발명품으로부터 세계를 구해냄으로써, 하나의 경고를 남기며 막을 내린다. 그러나 현대 과학에 의한 마법의 원의 구현이 모두 낙관주의로 팽배한 것은 아니다. H. P. 러브크래프트 같은 '괴기소설[*] 전통에 속한 20세기 초기 작가들은 이와 조금 다른 더욱 위협적인 묘사를 보여준다. 1934년에 통속소설 잡지pulp magazine 《판타지 팬》[†]에 발표된 러브크래프트의 단편소설 〈저 너머에서From Beyond〉는 과학기술로 구현된 마법의 원을 또 다른 방향으로 끌고 간다. 러브크래프트의 등장인물들이 만드는 마법의 원은 다른 차원으로의 입구나 관문의 역할, 즉 여전히 상당 부분 전통적인 마법의 원에 속하는 기능을 하지 않는다. 오히려 자연적인 것과 초자연적인 것, 4차원의 것과 여타 차원의 것, 드러난 세계와 숨은 세계의 경계가 흐려지게 하는 기능을 한다. 이렇게 자연적인 것과 초자연적인 것의 경계가 흐려지

---

* weird fiction. 19세기 말에서 20세기 초에 시작된 사변소설speculative fiction의 하위 장르이다. 전통적이지 않은 괴물이나 전통적이지만 극단적으로 재해석한 괴물이 등장하는 판타지, 초자연, 공포 장르를 포괄적으로 가리킨다.
† *Fantasy Fan*. 1933년 창간된 최초의 괴기소설 분야의 팬 잡지이다.

는 것은 러브크래프트의 영향을 받은 현대 작가들의 작품에서도 나타난다. 가령 케이틀린 키어넌,[*] 토머스 리고티,[†] 차이나 미에빌[‡] 같은 작가나 E. 일라이어스 메리지[§] 같은 영화제작자가 그렇다. 러브크래프트의 이야기에서 마법의 원이 낳는 결과는 '뺄셈'에 가깝다. 그 원은 배경으로 한껏 물러남으로써, 모든 차원을 기이할 정도로 납작하게 짓눌러 하나로 만드는 것이다.

〈저 너머에서〉의 화자는 은둔 물리학자 크로퍼드 틸링해스트의 실험을 전한다. 틸링해스트는 자신의 이론적 근거를 이렇게 설명하기 시작한다. "우리는 우리가 그렇게 보도록 만들어진 대로만 사물을 볼 수 있어. 사물의 절대적 본성에 대해서는 전혀 알 수 없지. 우리는 미약한 오감으로 무한히 복잡한 우주를 이해하는 척하지만, 보다 넓거나 강하거나 다른 유형의 감각을 지닌 다른 존재라면 우리가 보는 사물을 아주 다르게 볼 걸세. 그뿐 아니라 가까이 있어도 우리 감각으로 결코 감지하지 못하는 물질, 에너지, 생명의 전체 세계를 보고 연구할 걸세."[29] 틸링해스트는 살짝 열을 내며 말을 이어간다. "난 그런 이상하고 접근 불가능한 세계들이 바로 우리 옆에 존재한다고 늘 믿어왔네. **그리고 이제 방벽을 허물 방법을 찾아**

---

[*] Caitlín Kiernan(1964~). 미국의 고생물학자이자, 과학소설, 공포소설, 다크판타지 작가이다.

[†] Thomas Ligotti(1953~). 미국의 공포소설 작가이다.

[‡] China Miéville(1972~). 영국의 판타지 작가이다. 대표작으로 《쥐의 왕King Rat》, 《페르디도 스트리트 정거장Perdido Street Station》 등이 있다.

[§] E. Elias Merhige(1964~). 미국의 영화감독이다. 대표작으로 〈비가튼Begotten〉, 〈뱀파이어의 그림자Shadow of the Vampire〉 등이 있다.

낸 것 같아"(러브크래프트의 독창적 문체에서 강조체는 늘 우주적 공포의 현현을 시사한다).[30] 이어서 틸링해스트는 실험실 한가운데 직접 만들어 설치한 장치를 화자에게 보여준다. 러브크래프트는 이 기계를 그저 "역겹고 불길하게 보라색으로 빛나는 혐오스러운 전기 기계"[31]라고 묘사할 뿐이다.

실험실 중앙의 장치 주위에 앉은 화자와 틸링해스트는 포스터스와 그 계승자들의 마법의 원을 재연한다. 틸링해스트가 장치를 켜자, 화자는 빛깔과 형체가 밀어닥치는 것을 경험한다. 그러나 이 여행은 곧 불쾌해지기 시작한다. "어떤 때는 거대한 생명체들이 나를 스쳐 지나가고, 이따금 **아마도 단단한 몸으로 걷거나 부유하는 것**을 느꼈다."[32] 마침내 화자는 늘 존재해왔지만 인간 감각이 영원히 감지하기 어려운 것을 주변에서 "본다." "이 생명체 중에서 맨 앞에 있는 건 새까맣고 큼직한 해파리 괴물이었는데, 기계의 진동에 맞춰 힘없이 떨고 있었다. 끔찍하도록 많았다. 난 그것들이 **겹쳐지는** 걸 보고 오싹해졌다. 반\u00b0유동체로서 서로를 통과하거나 우리가 고체라고 알고 있는 것도 통과할 수 있었다."[33] 그런 뒤 이 "우주적"이고 "초자연적"인 실체화에 대한 공포는 더욱 구체적인 다른 공포에 의해 배가된다. 틸링해스트는 화자에게 "움직이지 말게"라고 외치고는, "이 광선 속에 있는 동안 **우리는 볼 수도 있지만 보일 수도 있으니까**"라고 경고하는 것이다.[34] 이제 미치광이 과학자의 영역으로 깊숙이 들어가 버린 틸링해스트는 "저 너머에서" 은밀하게 다가오는 "궁극적인 것들"을 예언하기 시작한다. 나중에 경찰은 화자와 틸링해스트의 실험실만 찾아냈을 뿐, 시신들은 수습하지 못한다. 러브크래프트의 다른 많은 이야기처럼, 이 이야기는 미궁에 빠진 수수께끼에 대한 애매한 신문 보도로 마무리된다. 러브크래프트의 작품 속 여러 주인공과 마찬가지로, 이 이야기의 화자도 자신이 제정신이 아니었기를 바란다. "저 너머"가 그저 환영이었다고 합리화할 수 있길 바라는 것이다. "내 주변 공기와 내 머리 위 하늘에 대해 지금 생각나는 것을 떨쳐버릴 수만 있다면, 나의 불안한 신경이 진정될 것 같다."[35]

러브크래프트의 작품에서는 마법의 원에 몇 가지 변형이 일어난다. 첫 번째로 전기 오각별에서처럼, 마법의 원의 기능이 전도된다. 세계의 '숨음'의 기이하고 불가사의한 현현에 집중하고 그것을 심화하는 기능을 하는 것이다. 그리고 이는 전통적 마법이 아니라, 과학이라는 현대적 마법을 통해 이루어진다. 즉 러브크래프트의 등장인물들은 연금술이나 강령술을 참고하는 대신, 광학이나 물리학의 언어와 4차원을 활용한다. 마법의 원에 일어나는 두 번째 변형은, 과학과 기술이 단지 마법의 원의 개량에 사용되는 게 아니라는 것이다. 오히려 과학과 기술이 **곧** 마법의 원이다. 〈저 너머에서〉의 장치가 전기 오각별과 다른 점이 이것이다. 전기 오각별은 여전히 전통적인 마법의 원이지만, 러브크래프트 이야기에 등장하는 장치는 마법의 원의 형이상학적 원리를 정제해낸다. 이 원리에 따르면 마법의 원은 서로 다른 두 개의 존재론적 질서 사이의, 혹은 두 개의 현실 차원 사이의 경계이자 매개 지점이다. 러브크래프트는 마법의 원의 건축술은 버리지만, 그 형이상학은 고수한다. 러브크래프트의 장치는 등장인물이 차원을 넘어선 현실과 그들 곁을 늘 유영하는 괴생명체를 '볼' 수 있는 어떤 결절점에 지나지 않는다. 그렇다면 마법의 원으로서 이 장치의 목적은 무엇보다도 철학적이다. 즉 자연적인 것과 초자연적인 것의 구분을 가정한 후, 그 경계를 관리하거나 제어하기 위해 마법의 원을 이용하는 것이 아니다. 오히려 〈저 너머에서〉는 자연적인 것과 초자연적인 것, '지금 여기'와 '저 너머' 사이의 이미 존재하는 불가분성을 폭로하기 위해 마법의 원을 이용한다.

마법의 원에 대한 세 번째이자 마지막 변형은, 마법의 원이 여전히 효력을 발휘하지만 **원 자체는 소멸하는 것**과 관련된다. 이야기가 흘러가면서 등장인물이 '저 너머'를 목격하고 경악과 경외에 사로잡혀 주위를 두리번거리는 동안, 이 장치 자체는 점차 배경으로 물러난다. 마치 마법의 원 없이 마법의 원의 효력을 얻는 것 같다. 마법의 원의 전통적인 쓰임새에서는 대부분 구경꾼과 구경거리라는 모델을 취한다. 원 내부에는 관객이 있고, 외부에는 극적인 사건이 있다(다시 언급하지만, 영화 〈악마가 타고 나가다〉에서 가장 분명하게 드러난다). 그러나 〈저 너머에서〉에는 이런 분리가 사라진다. 안전한 원 내부에서 볼 수 있는 구경거리도 없다. 그 대신 자연적인 것과 초자연적인 것은 뒤섞여 일종의 어슴푸레하고 몽롱한 미지의 장소가 되고, 등장인물들은 미지의 차원에서 오는 낯선 에테르에 휩싸인다. 그렇다면 원의 중심은 진정 모든 곳에 있으며… 그 원둘레는 진정 아무 데도 없다.

마법의 원 자체가 세계 속으로 흩어지는 이 세 번째 변형은 이토 준지伊藤潤二의 만화《소용돌이うずまき》연작의 기본 모티프이

다. 1990년대 쇼가쿠칸小学館 출판사의 만화잡지《주간 빅 코믹 스피리츠Weekly Big Comic Spirits》에 처음 등장한 이토 준지의 만화는, 소용돌이 기호에 기이하게 시달리는 일본의 작은 마을에 관해 들려준다. 소용돌이는 처음에 마을 사람 몇몇을 괴롭히는 강박으로 나타난다. 그중 한 명인 사이토는 온갖 곳에서 소용돌이를 보기 시작한다. 달팽이 껍질, 빙빙 도는 강물, 향불의 연기, 수제 도자기, 태피스트리 디자인, 심지어 우동에 든 어묵에서까지. 그는 미친 사람처럼 친구에게 말한다. "소용돌이가 아주 신비롭다는 걸 알게 됐어…. 자연의 그 어느 것보다도… 그 어느 모양보다도… 가슴 깊이 매료되었지."[36] 소용돌이와 신비로운 합일을 이루기 위한 필사적인 최후의 시도를 통해, 사이토의 몸 자체가 소용돌이로 둔갑한다. 두 눈이 서로 반대 방향으로 빙빙 돌고(그래서 온 세상이 소용돌이로 보이고), 혀는 소용돌이처럼 안으로 꼬이며, 온몸이 휘고 감겨서 거대하고 두툼한 소용돌이가 된다.

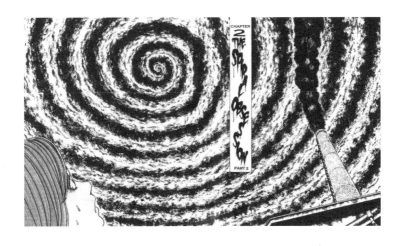

'소용돌이 강박'은 전염되어 마을 곳곳의 사람들에게 영향을 준다. 그러나 더 중요한 점은 소용돌이가 기이하고 부자연스럽게 나타나기 시작한 것이다. 가령 사이토를 화장할 때 하늘로 솟아오르는 재와 연기는 위협적이고 어두운 소용돌이 모양을 이루고, 그 속을 떠다니는 유령 같은 얼굴들이 희미하게 나타난다. 이어지는 장면에서 마을 사람들은 언덕에서 자라는 소용돌이 모양 풀, 하늘 위 소용돌이 모양 구름, 마을 개천의 소용돌이 모양 진흙과 점토 등등을 발견한다.

　그리하여 심리적이고 주관적인 **강박**으로 시작한 것이, 세계 속에서의 객관적인 **현시**로 급전한다. 한 에피소드에서 도예가는 자신이 사용하는 점토에 이상한 능력이 깃들어 있음을 알게 된다. 점토는 괴상한 소용돌이 모양을 만드는데, 그 점토 깊은 곳에는 무시무시한 유령 같은 얼굴들이 흐릿하게 보인다. 소용돌이는 자연(개천, 하늘, 진흙), 신체(눈, 혀, 귀, 머리카락), 예술(도자기, 태피스트리 디자인)을 통해, 세계 속에서 그리고 세계로서 현시한다.

　그러나 《소용돌이》는 지금껏 추적한 마법의 원 모티프에 또 다른 차원을 더한다. 어떤 의미에서 소용돌이는 추상적이고 기하학적인 형태이다. (달팽이 껍질, 어묵 조각 같은) 소용돌이 형태의 현시를 제외하면, 그것은 세상에 실제로 존재하지는 않는다. 이런 역설적 상태는 소용돌이가 부정적으로만 존재할 수 있다는 의미이다. 곧 어떤 사물 '안의' 소용돌이 외에, 소용돌이 자체는 이 세상에 결코 현시하지 않는다. 이처럼 추상적인 것이 구체적인 세계로 흘러드는 효과는, 우리가 살펴본 전통적인 마법의 원의 사례들과는 다르다. 괴테의《파우스트》에서 파우스트는 대우주의 추상적 상징을 관조하면서, 그저 상징적으로 마법의 원을 대면한다. 여기에서 추상적 상징과 구체적 현시는 분리된 채 남는다. 상징 자체에 대한 파우스트의 관조가 악마나 마법을 불러내지는 않는 것이다. 이와는 대조적으로《소용돌이》에서는 추상적인 것과 구체적인 것, 상징과 현시 사이의 관계에서 또 다른 무언가가 벌어진다. 한편으로 소용돌이는 현시를 제외하면 존재하지 않는다. 즉 등장인물들이 부자연스럽다거나 이상하다고 묘사하는 것은 구석구석 퍼지는 전염성 있는 현시이다. 다른 한편으로《소용돌이》연작 전반에 걸쳐, 소용돌이는 단지 자연에 있는 무늬 이상이다. 즉 소용돌이 **관념** 자체의 등가물이기도 한 것이다. 다시 말해서 추상적 상징과 구체적 현시는 불가분하다. 따라서 소용돌이가 현시하는 외부 세계는 관념으로서의 소용돌이의 관념적 세계를 '감염'시키거나 그곳으로 퍼져나갈 수 있다.《소용돌이》속 소용돌이는 기하학적 상징을 넘어, 그리고 자연의 무늬를 넘어, 궁극적으로 사유 자체의 등가물이다. 그렇지만 여기서 '사유'를 단순히 개인의 내면적이고 사적인 사유로 이해하면 안 된다. '사유로서의 소용돌이'는 또한 몰인간으로서의 '사유', 우리-없는-세계의 등가물로서의 '사유'이기도 하다. 이런 의미에서《소용돌이》는 절대자의 무시무시함을 시사한다. 그러한 부분적인 이유는 절대자가 순전히 몰인간적이기 때문이다.

러브크래프트의 〈저 너머에서〉와 이토 준지의《소용돌이》의 예를 보면, 숨은 세계를 사유하는 데 전통적인 마법의 원은 이제 필요 없음을 알 수 있다. 이 이야기들이 함축하듯이, 우리는 이미 보이지 않고 끈적끈적한 세계의 숨음에 잠겨 있기 때문이다. 러브크래프트와 이토 준지는 칸트 철학에 대한 일종의 왜곡을 통해, 세계-자체가 '숨은' 이유는 세계에 대한 우리의 현상적 경험이 인간적 경험으로 한정되기 때문이라고 제언한다. 러브크래프트와 이토 준지는 암묵적으로 자연적인 것과 초자연적인 것에는 사실 차이가 없다고 주장한다. 우리가 '초자연적'이라고 얼버무리는 것은 그저 또 다른 자연이되, 상대적이 아니라 절대적인 의미에서 인간의 이해를 넘어선 자연이라는 것이다. 러브크래프트가 "우주적 공포"라고 부르는 것의 근간이 바로 여기에 있다. 즉 절대적 숨음으로서의 세계의 숨음이 역설적으로 현실화되는 것이다. 이러한 정서는 러브크래프트의 많은 편지에서 빈번히 표현된다. "이제 제 모든 이야기는 어떤 근본적 전제에 기반합니다. 바로 흔해 빠진 인간의 법률과 관심은 광대한 우주 전체에서 어떤 타당성이나 중요성도 없는 감정에 불과하다는 전제입니다. 제게는 인간의 형식, 즉 편협한 인간의 열정, 조건, 기준이 다른 세계들이나 다른 우주들에서도 자생하는 양 묘사하는 이야기가 유치하게 들릴 따름입니다. 시간이건 공간이건 차원이건 간에 진정한 외부성의 본질을 달성하려면, 유기적 생명, 선과 악, 사랑과 증오, 그리고 인류라 불리는 하찮고 덧없는 종족의 온갖 지엽적인 특성 같은 것들이 어떤 식으로든 존재한다고 생각하지 말아야 합니다. (⋯) 그러나 우리가 선을 넘어 무한하고 끔찍한 미지, 즉 어둑하고 유령이 출몰하는 **외계**로 향할 때, 우리는 그 문턱에서 우리의 인간성과 지구 중심주의terrestrialism도 떠난다는 것을 기억해야 합니다."[37]

마법의 원과 숨은 세계에 대한 우리의 독해에서, 러브크래프트의 〈저 너머에서〉와 이토 준지의 《소용돌이》는 경첩 역할을 한다. 그것은 마법의 원의 (드러나 있는 우리에-대한-세계와 숨은 세계-자체의 관계를 고수하는) 보다 전통적인 쓰임새와, 이와 다른 마법의 원의 비관습적 변형 사이의 경첩이다. 이런 비관습적 유형의 마법의 원에서는 형이상학적 원리는 그대로 유효하지만, 마법의 원 자체는 사라진다. 그것은 일종의 비인간적이고 익명적인 '마법'이지만, 이 마법을 새길 '원'은 없다. 이게 무슨 의미일까? 먼저 이것은 원이 없는 마법이 또한 마법을 일으키고 다스리고 활용할 인간 행위자가 없는 마법이라는 점을 내포한다. 그렇지만 인간 없는 마법이 무슨 의미일까? 세계의 숨음을 우리에게 드러내지만, 이런 드러냄을 불러낸 인간은 없다는 것이 대체 무슨 의미일까?

안개와 점액에 관한 여담

러브크래프트의 〈저 너머에서〉 속 등장인물은 기이한 미지의 공간을 부유한다. 그 공간은 과학적 법칙이나 치유적 종교가 있는 규범적이고 인간적인 세계도 아니고, 천상이나 하계의 순수하게 초자연적인 영역도 아니다. 일단 장치가 켜지면, 등장인물은 마법의 원 자체 안에 머물지 않는다. 원 안의 세계와 밖의 세계를 구분할 수 없기 때문이다. 그들은 미지의 차원의 걸쭉하고 끈적거리는 에테르 속에서 거의 유영하는 듯 보인다. 이토 준지의 《소용돌이》에서는 하나의 상징으로서의 마법의 원이 세계 자체로 확산하여, 자연계뿐 아니라 등장인물의 사고도 감염시킬 지경이다. 원이 사라지는 이

묘한 작용은 앞서 던진 원 없는 마법에 대한 질문에 이미 단서를 제공하고 있다. 특히 이런 사례에서 드러나는 것은 단지 과학적으로 이해되는 세계가 아니다. 자연적이지도 초자연적이지도 않은 세계, 평범한 '지금 여기'도 아니고 미지의 '저 너머'도 아닌 세계가 드러난다. 어쩌면 우리는 마법의 **원** 대신에, 마법의 **장소** 같은 무언가를 갖게 될 것이다.

마법의 장소는 한마디로 세계의 숨음이 (스스로를 숨은 것으로서 드러내는) 역설적 방식으로 나타나는 곳이다. 어떤 경우에 마법의 장소는 마치 인간이 특별한 목적으로 만든 마법의 원과 같다. 러브크래프트의 이야기에 나오는 미치광이 과학자라는 주제가 그런 경우이다. 그러나 대개 마법의 장소는 인간의 개입이 전혀 없이 저절로 생긴다. 이 마법의 장소는 신성한 땅에 있을 필요도, 그것을 위한 특별한 건물이나 사원을 지을 필요도 없다. 가장 어둡고 외진 곳에 숨겨진 동굴이나 지하 틈새에 있을 수도 있다. 고고학 발굴 현장, 채굴 작업 현장, 숲이나 지하철 터널 등, 우발적이거나 의도하지 않은 장소일 수도 있다. 마법의 원에는 보이는 세계와 숨은 세계의 경계를 지배하려는 적극적 인간이 연루되는 반면에, 마법의 장소는 그것의 어두운 뒷면이다. 곧 익명적이고 몰인간적인 숨은 세계가 보이는 세계 안으로 침입하는 것, 우리-없는-세계가 우리에-대한-세계 안으로 수수께끼처럼 현현하는 것, 행성이 세계 안으로 침입하는 것이다. 만약 마법의 원에서 인간이 몰인간적이고 익명적인 숨은 세계를 찾아내고 그에 맞선다면, 마법의 장소에서는 숨은 세계가 우리를 뒤돌아본다. 따라서 마법의 원이 인간을 어렴풋이 닮은 생명체(악마, 유령, 사체)를 불러내는 반면에, 마법의 장소는 생물도 무생물도 아닌, 유기물도 무기물도 아닌, 물질도 관념도 아닌 존재와 더불어 슬금슬금 나온다.

마법의 원과 대조적으로 마법의 장소가 슬금슬금 나오는 방식을 논하려면, 새로운 용어가 필요하다. 마법의 장소는 숨은 세계를 두 가지 형태로 뚜렷하게 드러낸다. 바로 **안개**와 **점액**이다. 우선 안개는 보슬비, 짙은 연무, 우중충한 하늘 위 비현실적 구름 등 여러 가지를 떠오르게 한다. 구름이나 비와 같은 자연적 형성물은 명백히 대기 조건에 관한 과학적 연구에 기록되는 실체이다. 그러나 '안개'라는 용어는 천공과 대지 사이 어딘가에 있는 모든 무생물체를 가리킬 수도 있다. 예를 들어 구름에 관한 과학적 연구인 구름학 nephology은 지구의 구름뿐 아니라, 쉽게 구름이 형성되는 조건을 갖춘 어떤 행성의 구름이라도 모두 다룬다. 아니, 사실은 성간 공간에서 중력장이 우주 먼지를 끌어당겨 만드는 성간운까지 다룬다. 에테르적 성질 때문에 안개는 단단해 보이고 뚜렷한 형태를 가질 수도 있지만, 또한 비물질적이고 그 형태가 쉽사리 사라질 수도 있다.

점액도 마찬가지이다. 다시 말하지만 '점액'이라는 용어는 서로 분리된 고정적인 것이 아니라, 천천히 흐르는 것을 떠오르게 한다. 천천히 흐르는 것은 질척거리는 물질, 진흙, 기름, 혹은 고름일 수 있다. 점액은 몸, 땅, 바다, 우주 속에서 천천히 흐를 수도 있다. 예를 들어 질척거리는 물질은 (이를테면 식물미생물학이나 원핵생물학 같은) 과학 분야를 통해 이해될 수도 있지만, 액체와 고체 사이의 어떤 것이기도 하다. 점액은 변성되거나 변형될 수도 있는데, 점균류로 분류되는 유기체가 그렇다. 이런 유기체는 자신의 생명 주기 동안 번갈아가며 식물, 곰팡이류, 아메바와 비슷한 유기체처럼 행동하기도 한다. 안개와 점액 사이의 차이에도 불구하고, 그것들은 '숨은' 세계가 자신을 드러내고 종종 이상하고 기묘한 효과를 가져오는 방식에 대한 두 가지 예시이다.

안개와 점액은 세계의 종말에 대한 온갖 사변적 판타지에 등장한다. 다섯 번째 강독에서는 과학소설과 공포 장르에 등장하는 대재앙적 안개의 몇몇 예시를 간략하게 고찰하고, 여섯 번째이자 마지막 강독에서는 점액에 대해 살펴볼 것이다.

5. 실의 《자줏빛 구름》부터 호일의 《검은 구름》, 밸러드의 《갑작스러운 바람》까지

물론 안개를 흔히 유령, 괴물, 미지의 독기를 가려주는 고딕풍의 악한 힘으로 묘사하는 현대 소설과 영화는 부지기수이다. 제임스 허버트James Herbert의 《안개The Fog》(1975)나 스티븐 킹의 《미스트The Mist》(1980) 같은 소설, 그리고 존 카펜터의 〈안개The Fog〉(1980) 같은 영화가 모두 이 범주에 속한다. 이런 유형의 이야기에서 안개는 그 자체가 희미하게 물질적이고 형태가 없을 뿐 아니라, 희생되는 인간들도 대개 그 안개의 근원과 목적을 전혀 알 수 없다. 이런 이야기의 청사진을 제시한 글은 아마 M. P. 실*의 1901년 소

---

* Mattew Phipps Shiel(1865~1947). 영국의 미스터리, 과학소설 작가이다.

설《자줏빛 구름The Purple Cloud》일 것이다. 러브크래프트 같은 이들이 괴기소설의 걸작이라 칭송했던 《자줏빛 구름》은 초현실적이고 가끔은 종잡을 수 없는 이야기이다. 이 이야기에서 불가사의한 자줏빛 가스는 북극에서 발생하여 지구 전체에 퍼지면서, 그것이 흘러가는 길에 있는 생명체를 모조리 죽인다. 유일한 생존자가 이 자줏빛 구름의 후유증에 대해 남긴 최근 발견된 일지가 소설 자체를 구성한다.

실의 이 소설은 '최후의 인간' 모티프를 빌려온다. 이 모티프는 메리 셸리의 과소평가된 《최후의 인간The Last Man》(1826) 같은 작품을 통해 대중화되었다. 그러나 최후의 인간을 다루는 이야기는 거개가 특정할 수 있는 인류 멸종의 원인(전쟁, 역병, 혜성)을 묘사하는 반면, 실의 소설은 대재앙을 떠도는 무정형의 안개로 추상화한다. 최후의 생존자는 그 안개의 근원을 초현실적이고 몰인간적인 용어로 묘사한다. "내 생각에 호수는 폭이 거의 1마일[약 1.6킬로미터]이고, 중간에는 낮고 두꺼운 얼음 기둥이 있다. 막연한 느낌인지 꿈인지 환상인지 모르겠지만, 그 기둥의 얼음을 빙 둘러서 해독할 수 없는 문자로 어떤 이름이 새겨져 있다. 이름 아래에는 길게 날짜가 새겨져 있다. 그리고 호수의 액체는 철썩이고 출렁이면서 전율의 황홀경에 빠져 기둥 주위를 도는 것처럼 보였다. 지구 자전을 따라 서쪽에서 동쪽으로. 어떻게 알았는지 말할 수는 없지만, 그 유체가 살아 있는 물질이라는 확신이 들었다."[38] 북극의 혹한 속에 발견되지 않은 깊은 곳을 흐르는 안개가 여기 이 마법의 장소로 피어오른다. 화자는 이 장소에 다가가다, 광희狂喜에 가까운 암흑의 황홀경을 경험한다. "가장 차고 가장 강한 도취가 그 얼음의 손을 내 영혼에 얹었다. 나는 이곳에서 홀로 입에 담지 못할 만큼 거룩한 존재와 대면한다. 그러나 여전히 횡설수설하며 경솔하게, 치명적 희열에 사로잡혀, 걷잡을 수 없이 들뜬 채, 나는 빠르게 제자리를 빙빙 돌았다."[39]

《자줏빛 구름》에서 안개는 지구 내부로부터 피어오른다. M. P. 실은 지구 표면을 위협적으로 엄습하는 이 안개를 거의 종말론적으로 묘사한다. 천체물리학자 프레드 호일*의 소설《검은 구름 The Black Cloud》은 이 주제를 변주한다. 1957년에 출간된 통속 과학소설《검은 구름》에서는 불가사의한 검은 덩어리가 지구를 향해 똑바로 날아온다. 이 성간의 이상 현상은 미국의 한 천체물리학자 집단이 최첨단 망원경으로 처음 감지했다. "엄청나게 거대한 구름처럼 보이는 것을 주의 깊게 살펴보면, 수많은 훨씬 작은 구름들로 이루어져 있다는 걸 알 수 있습니다. 반면에 이 물체는 그저 둥근 구름 한 조각처럼 보입니다."[40] 이성적 관측과 실용적 긴급성이 이 소설 속 담론의 질서를 이룬다. 임박한 위험을 논의하기 위해 소집한 국제회의에서, 한 과학자가 말한다. "오늘 오후에 우리에게 전달된 결과가 옳다면, 그게 정말 옳다면, 태양계 부근에 지금까지 알려지지 않은 물체가 틀림없이 존재할 겁니다. 그리고 이 알려지지 않은 물체의 질량은 목성의 질량에 버금가거나 심지어 훨씬 더 클 게

---

* Fred Hoyle(1915~2001). 영국의 천문학자이자 이론물리학자이며, 과학소설 작가이기도 하다.

분명합니다."[41] 검은 구름이 다가와 육안으로도 보이기 시작하자, 모두 공황 상태에 빠진다. 목격자는 "하늘을 뒤덮은 검은 색"이나 "입을 쩍 벌린 원형 구덩이"라고 진술하고, 신문은 "하늘의 불이 꺼지다"라고 보도한다. 그것이 지구에 가까워질수록, 대기권과 생물권은 급변한다. 지구 온도가 급상승하고, 아이슬란드에 따뜻한 비가 내리며, 남반구에서는 곤충 종의 분화가 기하급수적으로 증가하고, "인간이 지구 위를 걷기 시작한 이후 처음으로 사막에 꽃이 피었다."[42]

프레드 호일이 숨은 세계라는 주제를 다루는 방식은 M. P. 실과는 확연히 다르다. 비록 두 소설 모두 지구를 파괴하고 인류를 멸종시키는 안개가 나오지만, 실의 방식이 묵시론적 신비주의 전통에 더 깊이 뿌리내리고 있다. 실의 산문체 서술은 과학소설보다는 윌리엄 블레이크의 예언시처럼 읽히며, 소설 말미에 이르면 이런 경향이 더 강해진다. 이와는 대조적으로 호일의 서술은 냉전 시대의 '하드한' 과학소설과 비슷하다. 모든 분야의 과학자가 회합하여, 검은 구름을 연구하고 가설을 세우고 행동 방침을 수립한다. 실의 소설 속 등장인물은 신비주의와 운명이라는 관점에서 숨은 세계와 관계를 맺지만, 호일의 소설 속 등장인물들은 지식을 생산하고 임박한 재난에 대비하는 데 몰두하느라 실존적 불안을 느낄 여유가 없다. 실의 소설에서는 실제 종말이, 혹은 적어도 종말의 한 형태가 도래한다. 반면 호일의 소설에서는 결국 종말을 가까스로 피한다 (이와 같은 유형의 19세기 '혜성' 이야기에서 빈번히 활용되는 데우스 엑스 마키나에 의한 해결처럼 말이다). 마지막으로 《자줏빛 구름》에서 안개가 스스로 현현하는 마법의 장소는 지구 자체, 즉 말 그대로 살아 있는 가스가 휘감기며 소용돌이를 이루는 곳이다. 하지만《검은 구름》에서 안개는 외계에서 온다. 이것은 숨은 세계가 숨은 우주이기도 하다는 점을 시사한다.

　마법의 장소는 많은 경우 재앙과 더불어 숨은 세계가 현현하는 곳이다. 이곳의 존재는 숨은 세계가 발원하는 어떤 지점을 암시한다. 아니면 적어도 숨은 세계가 우리 인간에게 현현하는 방식을 암시한다.《자줏빛 구름》과《검은 구름》에서 마법의 장소는 비록 다르지만(하나는 지구의 차가운 심장, 그리고 다른 하나는 깊숙한 성간 공간이다), 세계의 숨음은 안개를 통해 현현한다. 그렇다면 이처럼 기이한 대재앙의 안개가 나타났지만, 그 발원지가 없다면 어떤 일이 벌어질까? 이것이 J. G. 밸러드[*]의 첫 장편《갑작스러운 바람 The Wind From Nowhere》의 배후에 깔린 발상이다. 1961년에 출판된 이 소설이 컬트 고전이 된 이유는, 아이러니하게도 밸러드가 평생 이 소설을 되풀이해서 부인했기 때문이다.[†] 현대 런던(그리고 전 세계 여러 지역)을 무대로 하는《갑작스러운 바람》은 흔해 빠진 허리케인으로 시작한다. 그러나 허리케인은 범세계적 사이클론으로 변하면서 지구를 인간이 살 수 없는 곳으로 만든다. 에피소드 형식

---

[*] James Graham Ballard(1930~2009). 영국의 과학소설, 사변소설 작가이며, 자전소설인《태양의 제국 Empire of the Sun》을 집필하기도 했다.

[†] 밸러드는 이 작품이 잡문에 불과하다고 스스로 평가절하하면서,《물에 잠긴 세계 The Drowned World》(1962)[공보경 옮김, 문학수첩, 2016]야말로 자신의 진정한 첫 장편이라고 말하곤 했다.

의 이 소설에서는 다양한 개개인들이 바람에, 그리고 그로 인해 먼지와 흙으로 자욱한 폭풍에 맞선다. "바람은 시속 250마일[약 400킬로미터]에 달했고, 남겨진 저항 조직은 다른 지역의 사람들이 무엇을 하고 있는지 별반 관심이 없었다. 어차피 어디에서나 똑같은 일을 하고 있으리란 것을 빤히 알기 때문이었다. 그보다는 음식, 보온, 머리 위 50피트[약 15미터]에 있는 콘크리트 천장 같은 최소한의 생존 조건을 확보하는 데 몰두했다. 문명은 숨어들고 있었다. 땅 자체가 거의 말 그대로 광맥층까지 벗겨지고, 표토는 6피트[약 2미터] 두께로 허공을 떠다녔다."[43]

한 등장인물이 말한다. "말로 무어라 하기 어렵군. (⋯) 검은 공기가 으르렁거리는 단단한 벽을 이루고 있어. 다만 이건 더 이상 공기가 아니야. 먼지와 돌이 수평으로 쏟아지고 있다고 할까."[44] 마침내 깨닫기 시작한다. 바람이 계속 빨라지면, 지구가 거의 완전히 바람과 가스로 변해버릴 수도 있다는 사실을. 한 과학자는 이렇게 말한다. "우리는 전례 없는 규모의 기상 현상을 목도하고 있습니다. 이 전 세계적인 사이클론은 균일한 비율로 가속하면서, 고도로 안정적인 공기역학적 시스템의 모든 징후를 보이고 있습니다."[45] (다소 어색하지만 가벼운 유머도 여럿 담겨 있다. 가령 남유럽에 폭풍우가 불어닥칠 때, 한 등장인물이 이렇게 외친다. "미국에서 많은 사람들이 이곳에서 불어온 신선한 공기를 흠뻑 들이마실 수 있으면 좋을 텐데 말이야.")[46] 소설의 결말에서는 처음에 바람이 불가사의하게 불기 시작했던 것처럼, 예고도 이유도 없이 잦아든다. 그러나 소설 전반에 걸쳐 밸러드는 그의 여러 소설에서 자주 등장하게 될 하나의 주제를 추적한다. 그것은 내적 상태와 외적 상태 사이의 연관성, 그리고 현대의 소외된 주체의 내적 격동과 마찬가지로 균형을 잃은 대기의 외적 격동 사이의 연관성이라는 주제이다.

《갑작스러운 바람》을 비롯한 밸러드의 재난소설들에는 주목할 만한 점이 있다. 소설 자체가 상징적 독법을, 즉 외적 상태는 단지 내적 상태의 반영일 뿐이라는 독법을 결코 완전히 받아들이지 않는 것이다. 《자줏빛 구름》이나 《검은 구름》과 달리, 여기에는 숨은 세계가 드러나는 것을 목격할 수 있는 마법의 장소가 없다. 종국에는 지구 자체와 동일해지는 검은 "공기역학적" 사이클론만 있을 뿐이다. 다양한 인간 군상이 소설의 중심 내용을 이루지만, 우리는 《갑작스러운 바람》을 사실상 인간 군상에 대한 이야기가 아니라 이름 없고 수수께끼 같은 세계-자체에 대한 이야기로 읽게 된다. 그것은 밸러드가 초현실적인 세부 사항에 공을 들이고, 기후학적 사건을 정교하게 묘사하기 때문이다.

6. 〈칼티키: 불멸의 몬스터〉부터 〈엑스: 언노운〉, 라이버의 〈검은 곤돌라 사공〉까지

앞에서 우리는 숨은 세계라는 주제가 구름이나 가스 따위의 '안개'로 현현하는 경우를 살펴보았다. 또한 숨은 세계가 적어도 그런 이야기의 등장인물에게는 흔히 대재앙으로 현현한다는 것을 알게 되었다. 당연하게도 공포 장르에는 점액도 넘쳐난다. 점액은 언제나 괴물에 들러붙어, 그들의 덩굴손에서 뚝뚝 떨어지면서 그들을 훨씬 비천하고 역겹게 만든다. 또한 점액은 괴물이 곧 위협적으로 출현하리라는 것을 알리는 지표이다. 점액은 괴생명체의 발자국 혹은 촉수 자국이기 때문이다. 그렇지만 더욱 흥미로운 것은 점액 자체가 **곧** 괴물인 공포물이다. 가장 유명한 예는 1958년 미국 영화 〈블롭The Blob〉이다. 이 영화에서 등장하는 끈적거리는 분홍색 물질은 운석을 타고 지구에 착륙한 후, 눈에 보이는 모든 것을 삼키기 시작한다(특히 비명을 지르는 10대에게 식욕을 느낀다). 이 시대의 많은 미국 영화가 그렇듯, 〈블롭〉은 (공산주의자, 이민자, 핵전쟁과 같은) 온갖 침략에 대한 두려움을 일반화하여, 냉전 시대의 마을과 그 주민을 위협하는 내용이 없고 특정되지도 않는 위협으로 그려낸다. 〈블롭〉은 내부와 외부, '우리'와 '그들'의 꽤 진부한 관계에 기반한다. 이런 이야기에서 생존의 열쇠는 후자의 침략으로부터 전자를 보호하는 데 있다.

그러나 점액을 다루는 모든 공포물이 이런 내부-외부 경계를 활용하는 것은 아니다. 〈블롭〉에 등장하는 끈적거리는 존재가 (말하자면 모든 외부의 외부인) 외계에서 온다는 데 주목해야 하는 이유는, 어떤 대가를 치르더라도 안전을 위한 경계를 지켜내야 한다고 시사하기 때문이다. 그러나 점액을 다루는 다른 공포영화에서는 외부가 아니라 내부로부터, 즉 지구 자체의 내부에서 오는 존재를 묘사한다. 바로 1959년 이탈리아 영화 〈칼티키: 불멸의 몬스터 Caltiki the Immortal Monster〉[이하 〈칼티키〉]에서 그런 일이 벌어진다. 이탈리아 공포영화를 혁신한 두 감독인 리카르도 프레다[*]와 마리오 바바[†]가 공동 연출한 〈칼티키〉는 여러 모로 고전적인 저예산 괴수영화이다. 부자연스러운 연기와 (꿀에 적신 큼지막한 천을 비롯한) 어설픈 특수효과 기법이 담긴 흑백영화 〈칼티키〉는, 점액의 공포라는 모티프를 〈블롭〉과 다른 방향으로 끌고 간다.

〈칼티키〉에서 점액은 외계가 아니라, 지구의 내장으로부터 나온다. 천천히 흐르는 이 생명체는 고대 마야 신화에 나오는 형언할 수 없는 괴물, 즉 복수심에 불타는 신들에 의해 길러진 칼티키와 연관이 있다. 현대 멕시코가 배경인 이 영화에는 고고학 발굴을 하는 미국 정부 과학자 팀이 등장한다. 연인의 말다툼이나 현지인과 미국 과학자 사이의 갈등 같은 너무나 인간적인 드라마가 한창 펼쳐지는 가운데, 탐험대는 우연히 고대의 지하 사원을 발견한다. 그 사원은 보물이 매장되어 있지만, 방사능 수치도 굉장히 높다. 마법의 장소이자 잊히고 쓸모없어진 그 사원에는 아직도 저주가 살아 있다. 탐험대가 유물과 보물을 훔치려는 순간, 칼티키가 부활한다. 그 즉시 칼티키는 눈에 보이는 모든 것에 들러붙기 시작한다. 모든 생물의 살을 먹어치우면서, 술 취해서 울렁대는 거대한 아메바처럼 비틀거리며 근처 마을로 간다. 실험실에서 칼티키로부터 떨어져 나온 조각을 조사한 과학자들은, 칼티키가 2천만 년보다 더 오래된 거대 단세포 유기체임을 밝혀낸다. 한편 경이로우면서도 역겨운 장면들에서 칼티키는 집, 자동차, 동물, 사람을 집어삼켜서 몸집을 키우고 분열한다. 마침내 과학자들은 수수께끼를 풀어낸다. 칼티키는

---

* Riccardo Freda(1909~1999). 이탈리아의 영화감독이자 각본가로, 공포, 지알로, 첩보, 검투사 등 다양한 장르의 영화를 찍었다.

† Mario Bava(1914~1980). 이탈리아의 영화감독으로, '이탈리아 공포영화의 대부'로 평가받는다.

불로만 죽일 수 있다는 사실을 알아낸 것이다. 바로 그때 화염방사기를 장착한 전차 대대가 구조하러 온다. 고대의 저주는 다시 봉인된다. 당분간은….

〈칼티키〉에서 점액은 자연의 복수(지구를 식민화하려는 침략자에게 '반격하는' 지구) 혹은 문화의 복수(미국의 약탈에 반격하는 고대 멕시코)로서 알레고리적으로 묘사된다. 그러나 영화 속 어느 순간부터 이러한 알레고리적 해석은 배경으로 물러난다. 표면으로 올라오는 것은 얼굴도 형태도 없는 기이한 점액 자체이다. 점액은 그저 '천천히 흐르는 것' 외에 아무런 동기도, 복수심도, 행동 계획도 없는 듯하다. 이러한 특성 없음은 칼티키의 끈적거리는 느낌과 잘 어울린다. 마치 그 자체가 말 그대로 지구의 내장인 듯하다. 그러므로 〈블롭〉 같은 영화가 외부로부터 세계를 **향해** 위협이 온다고 상상한다면, 〈칼티키: 불멸의 괴물〉 같은 영화는 이를 뒤집어서 세계가 **곧** 위협이며 따라서 그 위협은 내부로부터 온다고 상상한다.

이 주제에 대한 또 다른 변주는 1956년 영국 영화 〈엑스: 언노운X: the Unknown〉에 나온다. 〈칼티키〉가 고대 점액의 예를 보여준다면, 〈엑스: 언노운〉은 현대적이고 산업적인 점액의 예를 보여준다. 두 영화 모두 마법의 장소는 지구 아래 묻혀 있다. 하지만 〈칼티키〉의 마법의 장소는 묻혀 있던 사원인 반면, 〈엑스: 언노운〉의 마법의 장소는 무기 실험장이었던 방사능 지대이다. 짐작건대 과도하게 많은 폭탄이 우연히 땅에 균열을 일으켰을 것이다. 그로부터 올라온 '괴물 엑스'는 전기 에너지원이라면 무엇이든 엄청난 식욕을 보인다. 그리고 영국 군인 집단과 미국 과학자 한 명이 괴물 엑스를 연구한다. 칼티키와 마찬가지로 괴물 엑스는 천천히 흐르고 형태가 없는 덩어리인데, 질척거리는 물질보다 진흙을 닮았다. 한 장면에서 과학자는 짧막한 지질학 강연을 하면서, 괴물 엑스가 원래는 지구 깊은 곳에 묻혀 있던 원시 생명체였고, (방사능 에너지를 포함한) 에너지를 먹고 살 수 있게 적응해왔다고 주장한다. 그러나 괴물 엑스를 막을 방책이 없는 과학자는 자문한다. "그런데 진흙은 어떻게 죽일 수 있지?" 괴수영화에서는 드물지 않은 이 아이러니한 순간, 등장인물들은 깨닫는다. 인류가 점액에 맞서 스스로를 방어하려면, 사실상 지구를 파괴해야 한다는 사실을.

〈칼티키〉와 〈엑스: 언노운〉에 등장하는 괴물은 〈블롭〉 같은 영화가 확립한 전통적인 내부와 외부의 경계를 허문다. 두 영화에 등장하는 마법의 장소는 모두 지구의 지각이나 땅굴 깊숙이 있다. 이곳으로부터 숨은 세계가 천천히 흐르면서 더듬듯 지표면으로 나와서, 그곳에 사는 인간을 위협한다. 그렇지만 이 표면과 깊이의 경계는 두 영화에서 각각 근소하게 다르다. 〈칼티키〉에서 깊이는 고고학적이다. 잃어버린 고대 문명을 다루기 때문이다. 여기서는 마법의 장소 자체도 한때는 마법의 원이었다. 〈엑스: 언노운〉에서 깊이는 지질학적이다. 지표를 향해 천천히 흐르는 살아 있는 방사능 진흙은 자신이 발원한 퇴적층과 분리될 수 없기 때문이다. 여기서 마법의 장소는 (예를 들어 무기 실험 같은) 인간 행위로 인해 생겨났지만, 그럼에도 순전히 몰인간적인 것으로 남는다.

이처럼 점액을 숨은 세계의 한 단면으로서 살펴보려면, 한 걸음 더 나아가야 한다. 즉 점액을 고고학적이거나 지질학적인 것으로뿐 아니라, 정신학*적인 것으로도 봐야 한다. 이 경우 점액은 한낱 생물학적인 아메바도, 한낱 지구의 진흙도 아니다. 여기서 점액은 사유 자체의 특질들을 취하기 시작한다. 아컴 하우스Arkham House에서 1964년 출판한 공포소설 선집《저 끝 너머Over the Edge》에는 프리츠 라이버의 단편 〈검은 곤돌라 사공The Black Gondolier〉이 실려 있다. 화자의 친구 댈러웨이는 남부 캘리포니아 유전 근처에 살던 은둔자이자 독학자이다. 화자는 이 친구가 불가사의한 실종에 이르게 한 사건들에 관해 이야기한다. 댈러웨이는 석유에 대한 기괴하고 부자연스러운 매혹을 키워가기 시작한 듯하다. 그저 천연자원이나 지정학적 가치를 지닌 어떤 것으로서가 아니라, 숨은 세계의 오래되고 수수께끼 같은 현현으로서 석유 자체에 매혹된 것이다. 시간이 흐르면서 댈러웨이와 화자가 나누는 대화는 신비로운 환영 같아지기 시작한다. 댈러웨이는 석유가 "세상에 존재했던 모든 생명의 저 검고 악한 정수이자, (…) 시커먼 유령들이 있는 저 섬뜩한 궁극의 과거의 크고 깊게 판 검은 묘지"[47]라고 말한다. 그는 화자를 이렇게 설득하려 애쓴다. 일종의 고딕풍 죽음의 점액처럼 "석유는 검은 꿈을 꾸면서 수억 년을 기다려왔다네. 돌로 덮인 지구의 피부 아래 느긋하게 고동치면서, 습지 가스로 뒤덮인 캄캄한 웅덩이와 가득 채워진 돌투성이 저수지 안에서 떨면서, 무수한 수로를 따라 빠르게 흐르면서 (…)"[48]

---

* noology. 고대 그리스어 'nous'(정신)과 'logos'(학)를 어원으로 하며, 사유, 지식, 정신에 대한 체계적 연구를 뜻한다.

은밀히 대기하고 있는 석유라는 이미지를 통해, 점액은 지능과 의도(특히 악의)라는 특질을 얻는다. 라이버의 과장된 산문에서, 석유는 〈칼티키〉나 〈엑스: 언노운〉에서처럼 지표 아래 숨어 있는 종류의 점액이 아니다. 오히려 〈검은 곤돌라 사공〉에서 살아 있고 은밀히 움직이는 점액으로 묘사되는 석유는, 이미 지표면에 올라와 현대 산업 문명의 모든 도관을 통해 어디에나 흐르고 있다. 그 도관은 주요 도시에 석유를 공급하는 중심 파이프라인부터, 그런 도시에 있는 개인 주택과 자동차에 이르기까지 이어진다. 한 대목에서 화자는 댈러웨이의 별난 이론을 조리 있게 표현하려 한다. "댈러웨이의 이론은 세계사, 지질학, 오컬트에 대한 해박한 독서를 바탕으로 한다. 이 이론에 따르면 원유, 즉 석유가 산업과 현대 세계와 현대적인 전격전을 유지하는 생명선이라는 것은 한낱 비유가 아니다. 진정 석유는 고유의 흐릿한 생명과 의지를, 무기질의 의식이나 잠재의식을 지니는 것이다. 그리고 우리 모두는 석유의 꼭두각시 또는 피조물이다. 즉 석유의 화학적 정신은 현대 기술 문명의 발전을 인도하고 심지어 강요했다는 것이다."[49] 화자는 이어서 말한다. "요컨대 댈러웨이의 이론은 인류가 석유를 찾아낸 것이 아니라, 석유가 인류를 찾아냈다는 것이다."[50]

〈칼티키〉와 〈엑스: 언노운〉의 괴물과 마찬가지로, 〈검은 곤돌라 사공〉의 석유도 숨은 세계가 점액으로서 현현하는 사례이기는 하지만, 이들 사이에는 뚜렷한 차이점도 있다. 예를 들어 〈칼티키〉와 〈엑스: 언노운〉의 괴물은 (방사선이나 채굴이 초래한) 자연의 이상 현상이다. 반면에 〈검은 곤돌라 사공〉의 석유는 유정有情하고 사악한데, 그 이유는 그것이 자연적인 현상이기 때문이다. 다른 사례와 달리, 석유는 인간의 설계나 개입의 산물이 아니라 오히려 그 반대이다. 인간의 "현대 기술 문명"이야말로 이 은밀히 움직이는 유정한 석유의 결과이자 산물이다. 또한 〈칼티키〉와 〈엑스: 언노운〉에서는 경계라는 관계를 관리해야 한다. 〈칼티키〉는 〈블롭〉의 내부/외부 관계를 뒤집고, 〈엑스: 언노운〉은 이 관계를 표면/깊이 관계로 전환한다. 그러나 〈검은 곤돌라 사공〉에서는 또 다른 전환이 나타난다. 바로 연속/불연속 관계로의 전환이다. 〈블롭〉, 〈칼티키〉, 〈엑스: 언노운〉의 괴물은 비록 형태가 없지만, 서로 분리된 존재로 남는다. 이들은 따로따로 은밀히 움직이고 기고 울렁대며 나아간다. 우리는 그들을 가리키고, 고립시키고, 심지어 소이탄으로 공격할 수도 있다. 따라서 그들의 형태 없음, 즉 '점액성'에는 여전히 형태의 윤곽이라는 한계가 있다. 이에 비해 〈검은 곤돌라 사공〉에서 석유 전체를 통째로 가리키거나 고립시키려는 시도는 헛되다. 왜냐하면 바로 석유가 지구는 물론 현대 산업사회와도 철저히 연속적이기 때문이다. (내가 이 글을 쓰는 동안 페르시아 만에서 비극적인 석유 유출 사건이 일어났다. 이 사건의 규모는 섬뜩하게도 라이버의 소설뿐 아니라, 레자 네가레스타니[*]의 독창적 저서 《사이클로노피디아》

---

[*] Reza Negarestani(1977~). 이란의 철학자로서, 저서로 《사이클로노피디아 Cyclonopedia》[윤원화 옮김, 미디어버스, 2021], 《지능과 정신Intelligence and Spirit》, 《외부적인 것을 유괴하기Abducting the Outside》, 《크로노시스Chronosis》(공저) 등이 있다. 《사이클로노피디아》에서 석유는 자본을 중독시키는 일종의 행성적 전염병으로 묘사된다.

까지 연상시킨다.)

틀림없이 이 유정한 점액이라는 이미지는 우리가 추적해온 '숨은 세계'라는 주제를 더욱더 변형시킬 것이다. 이 소설의 마지막 장면에서, 댈러웨이는 한밤중에 광활하고 울렁대는 기름의 "바다" 로 고요히 떠내려간다. 이 장면은 점액의 철두철미 몰인간적이고 생소하다는 특질을 역설한다. 몰인간적이고 생소하다는 이 두 가지 전제는 모두 근본적인 이분법에 기대고 있다. 그것은 자아와 세계의 이분법, (사유를 내면화하는) 생각하는 주체와 (사유가 투사되는) 생각하지 않는 객체의 이분법이다. 그러나 점액의 사례에서는 이 모든 게 허물어진다. 석유는 단순히 (마치 인간 사유 범위 내의 모든 사유를 구현하는 듯한) "거대한 두뇌"가 되는 것이 아니다. 〈검은 곤돌라 사공〉 속 석유는 생경하고 물질적인 것인 동시에 편재하는 독기 어린 사유이며, 물질적으로 끈적거리는 동시에 유정하기도 하다. 〈검은 곤돌라 사공〉을 통해 알게 되는 점은, 사유가 늘 몰인간적이었다는 것이다.

부록 : 슈미트의 《정치신학》

세계의 숨음은 마법의 원이라는 인간 지향적 모티프를 통해 드러나든, 아니면 마법의 장소라는 몰인간적 모티프를 통해 드러나든, 가장 만만치 않은 도전을 내포한다. 그 도전은 이런 숨음 속에서, 그리고 이런 숨음의 일부로서, 어떻게 살아가야 하는가이다. 세계-자체는 우리에게 모습을 드러내지만, 그렇다고 곧바로 인간 중심적인 우리에-대한-세계가 되지는 않는다는 양면적 계기 속에서, 이러한 숨음을 인간에게 본질적인 것으로서 이해할 수 있는 방법이 있을까?

카를 슈미트의 1922년 저서 《정치신학Politische Theologie》의 통찰에 따르면, 정치적인 것을 상상하거나 재상상할 가능성은 세계를 보는 관점에 달려 있다. 즉 세계를 드러나 있는 세계이자 인식할 수 있는 세계로서 보는 관점, 그리고 인간적 세계에 사는 우리 인간이 접근할 수 있는 세계로서 보는 관점에 달려 있는 것이다. 슈미트가 지적한 바와 같이, "현대 국가론의 주요 개념은 모두 신학적 개념이 세속화된 것이다. 이런 개념의 역사적 전개(예를 들어 전능한 신이 전능한 입법자가 되었듯이, 이런 개념들이 신학으로부터 국가론으로 옮겨갔다는) 때문만이 아니라, 그것들의 체계적 구조 때문에도 그렇다."[51] 슈미트의 주장에 따르면, 이러한 유비는 주권이나 예외상태 같은 주요 정치적 개념의 발전을 이해하는 데 큰 영향을 미친다. 바로 몇 줄 뒤에 이 책에서 가장 간결한 주장이 나온다. "법학에서 예외는 신학에서 기적과 유비 관계이다."[52]

하지만 이런 유비가 나타나는 방식은 시간이 지나면서 바뀔 수 있다. 슈미트에 따르면, 17세기와 18세기에는 신이 세계를 초월한다는 신학적 유비가 지배했다. 이러한 신의 초월은 주권적 통치자가 국가를 초월한다는 정치적 관념에 상응한다. 이와 달리 19세기에는 (특히 근대의 범신론과 유기체 철학에서) 내재라는 신학적 관념으로의 전환이 일어났다. 이러한 내재도 "통치자와 피치자의 동일성이라는 민주주의적 논제"에 상응한다.[53] 이를 비롯한 여러 사례에서 신학적 개념은 정치적 개념으로 동원된다. 따라서 우주론과 정치학 사이에 일종의 직접적인 비교표(신과 주권적 통치자, 우주와 국가, 초월과 절대주의, 내재와 민주주의)를 만들 수 있다.

이 점을 고려한다면, 세계의 숨음에 대한 정치신학(즉 오컬트 정치신학)을 고찰한다는 것은 어떤 의미인가? 이를 위해서는 슈미트의 이론을 문자 그대로 받아들이지 않아야 한다. 그런 경우 세계의 숨음을 인간적 틀 안에서 재생하게 될 뿐 아니라, 다소 불합리한 정치적 모델로 이어질 것이기 때문이다(예를 들어 세계의 숨음을 마찬가지로 숨은 통치 형태나 정치적 플랫폼으로서의 비밀단체에 대한 유비로 보게 될 것이다). 이는 분명 우리가 이 사상을 받아들이려는 방향이 아니다. 그렇다면 과연 어느 방향으로 받아들여야 하는가?

슈미트의 분석은 유비적 틀이라는 범위 내에 머물러 있다. 그리고 《정치신학》의 중대한 의문은 이런저런 세계관과 이런저런 정치체제를 상응시키는 결정에 어떻게 도달하는가이다. 그러나 슈미트는 **유비 자체**가 의문시되는 방식에는 그다지 주목하지 않는다. 슈미트 스스로 이렇게 언급한다. "특정 시대가 구축하는 세계에 대한 형이상학적 이미지는, 그 시대가 즉각적으로 타당하다고 납득하는 정치조직의 형태와 같은 구조를 갖는다."[54] 이러한 유비적 틀은 몇 가지 주요 사항을 가정한다. 첫째, 접근 가능하고 드러나 있으며 질서 있는 세계가 '저기 바깥'에 있어서, '여기 안'에 있는 정치체제의 발전에 대한 모델 또는 지침이 될 수 있다. 이것은 아마도 분명히 정치철학 자체의 토대일 것이다. 둘째, 이러한 유비 관계가 일방통행이라고 가정한다. 즉 인식 가능한 세계 질서가 정치 구조로 곧바로 흘러든다는 것이다. 그러나 (가령 정치가 '환경'에 개입할지 말지, 한다면 어떻게 개입할지를 결정할 때처럼) 이 방향이 뒤집히는 경우도 꽤 많다. 마지막으로, 슈미트의 유비적 틀은 단연 인간 중심적이다. 신학과 다르지 않게, 정치도 가장 먼저 인간을 다룬다는 것을 당연시하기 때문이다(이렇게 정치를 의인화하는 특질을 가장 명시적으로 드러내는 예는 홉스적인 정치체*의 유비이다).

여기서 의문은 우리 인간이 철저히 몰인간적이고 비인격적이며 심지어 인간에 무심한 세계를 마주할 때, 어떤 일이 일어나는가이다. 아무리 신학(주권자 신, 주권자 국왕)이나 과학(국가에 대한 유기체 유비)을 통해 세계를 우리에-대한-세계로 만들려고 해도 오직 세계의 숨음만이 드러날 수 있다면, 정치 개념에 무슨 일이 벌어지는가? 정치에 관련해서는, 이처럼 세계가 응답하지 않는 상태를 표현할 언어는 우리에게 명백히 아직 없다. 앞서 강독들은 이러한 상황으로 인해 파생되는 문화적이고 철학적인 결과에 초점을 맞추었지만, 여기서 몇 걸음만 내디디면 세계의 숨음이 정치적인 것을 사유하는 데 어떤 의미가 있는지 숙고하게 된다.

분명히 쉬운 답은 없다. '세계의 숨음'은 초자연적인 것의 또 다른 이름이다. 이 초자연적인 것은 과학이나 종교에 의한 동화同化 바깥에 있다. 즉 우리에-대한-세계의 바깥에 있다. 하지만 오늘날 우리는 이런 것을 믿기에는 스스로가 너무 냉소적이고 너무 똑똑하다고 생각하고 싶어 한다. 즉 초자연적인 것은 (적어도 전과 같은 방식으로는) 더 이상 존재하지도 가능하지도 않다는 것이다. 어떤 의

---

* 정치체body politic 개념은 도시, 영토, 국가 같은 정치체제를 신체로 은유한 것이다. 특히 홉스는 《리바이어던》에서 국가를 인공적인 인간으로 묘사한다.

미에서 우리가 사는 세계가 인간적 세계 이상이라는 느낌은 벗어나기 어렵다. 우리는 행성, 지구, 기후, 정보권,* 대기권, 기상 패턴이라는 세계에서도 살고, 균열, 지각변동, 폭풍, 재앙이라는 세계에서도 사는 것이다. 종래의 의미에서의 초자연적인 것이 더 이상 가능하지 않다면, 이러한 '신의 죽음' 이후 남은 것은 은닉되고 숨은 세계이다. 철학적으로 말하자면, 우리는 이런 수수께끼와 맞닥뜨린다. 숨은 세계를 우리에 대한 세계(과학과 종교의 세계)와 동일하다고 곧바로 가정하지 않으면서, 또 발견할 수도 없고 접근할 수도 없는 세계-자체라고 쉽사리 폄하하지 않으면서, 어떻게 이 숨은 세계와 직면할 수 있는가?

---

* infosphere. 'information'(정보)과 'sphere'(권)을 합성한 신조어로, 정보, 데이터, 지식 등으로 이루어진 권역을 뜻한다.

Ⅲ · 신학의 공포에 관한 아홉 토론

중세 스콜라 철학에서는 어떤 주제에 대해 의견이 갈리거나 혼동이 일어나면, 흔히 **토론**disputatio을 통해 면밀히 검토했다. 때때로 이런 토론에는 엄격한 규정이 있었다. 두 학자가 이미 합의된 주제를 토론하는 경우에 그러했다. 그러나 때로는 어떤 주제든, '무엇이든' 토론할 수 있었다. 이런 경우를 자유토론disputatio de quodlibet이라 불렀다. 이런 지적인 무한 경쟁은 보통 꽤 즉흥적이고 연상적이었다. 이 '무엇이든' 다루는 토론은 저작에서 벌어질 수도 있는데, 저자가 자기 자신과 토론을 벌이는 것이다. 이어지는 소론들은 이런 정신에 입각한다. 각 소론은 초자연적 공포가 생과 사를 중재하는 방식을 다룬다. 이런 중재는 보통 과학과 종교, 생물학과 신학의 영역을 맴도는 '생 자체life-in-itself'의 개념을 불러옴으로써 이루어진다. 바로 이 중간성in-betweenness에서 초자연적 공포는 주관적 정의(생의 경험)와 객관적 정의(생명과학)를 모두 넘어서 생을 사유하는 방식이라는 점이 드러난다.

이러한 여러 토론을 가로지르는 의문은 이렇다. 만일 '공포'가 죽음의 두려움보다, 오히려 삶의 불안과 관련이 더 깊다면 어떨까? 그리 희망을 북돋는 생각은 아니다. 그렇지만 죽음은 다만 나의 생

이후의 비존재일 뿐인데, 이는 나의 생 이전의 비존재와 비슷한 의미이다. 이 두 가지 유형의 비존재(나의 생 이후a parte post와 나의 생 이전a parte ante)는 서로를 비추는 거울이다. 쇼펜하우어도 이러한 정서를 거듭 표명했다. "나의 생 이후의 무한이 나의 생 이전의 무한보다 더 두려울 건 없다. 둘을 분리하는 것은 그 사이에 끼어든 덧없는 인생이라는 꿈life-dream에 불과하기 때문이다."[1]

지금까지 논의한 바처럼, 공포가 세계를 사유할 수 없는 것으로서 사유하는 방식이자 그 세계 속 우리 위치의 한계라면, 이 공포에서 출몰하는 망령은 사death가 아니라 생life이다. 하지만 '생'이란 무엇인가? 이만큼 철학을 사로잡은 관념은 없을 것이다. 생의 본질이 무엇이고 무엇이 아닌지에 대해 매우 다양한 견해가 있었다. 그리고 수천 년의 철학적 탐구 끝에 꽤 확실해진 점은, 우리가 '생이란 무엇인가?'라는 물음에 대한 결정적이고 최종적인 해답에는 결코 도달할 수 없으리라는 것이다.

그러나 우리가 살아가는 동안, 생은 우리에게 그 질문을 끊임없이 다시 던진다. 가장 직접적인 것은 가장 이해되지 않는 법이다. 더구나 '생'은 사실 철학적 개념이 아니다. 철학자들은 '존재', '실체', '실존' 같은 형이상학적 개념에 관해 끝없이 논하지만, '생'은 슬쩍 길옆으로 밀려나 있는 듯하다. 생은 그렇게 주요한 형이상학적 개념은 아니지만, 그에 대한 과학적 정의나 종교적 정의를 넘어서는 개념이기도 하다. 철학에서 '생'은 분명 흥미로운 주제다. 바로 이 개념이 과학적 정의와 종교적 정의 사이에 자리 잡은 듯 보이는 방식 때문이다. 이때 두 정의는 모두 생을 인간적 생, 즉 우리에-대한-생life-for-us으로 이끌어 간다.

그렇다면 진정한 질문은 이것이다. 존재나 신에 대한 문제로 곧바로 귀결되는 '생'의 철학은 있을 수 있는가? 어째서 개념으로서의 '생'은 늘 존재론적이지 않은 '생 자체'(과학의 관점)와, 생존 너머의 생 혹은 후생後生*에 관한 존재신학†(종교의 관점) 사이에 있는가?

1. 생 이후

아리스토텔레스가 흔히 '영혼'이나 '생의 원리'로 번역되는 프시케‡를 기준으로 생물과 무생물을 구별한 이후로, 생 개념 자체는 이중적으로 정의되었다. 즉 자명하면서도 불투명하고, 범주화할 수 있지만 더 신비화할 수도 있다. 이런 이중성은 또 다른 이중성과 관련된다. 즉 아리스토텔레스에도 두 가지 면이 있다. 한편으로 프시케, 형상, 인과율을 이론적으로 탐구하는 형이상학자 아리스토텔레스가 있고, 다른 한편으로 "생성과 소멸"§이라는 자연적 과정을 관

---

* "after-life"는 글의 맥락을 살리기 위해 '사후'가 아니라 '후생'이나 '생 이후'로 번역한다. 이보다 적게 나오지만 "before-life"는 이에 상응하여 '전생'이나 '생 이전'으로 번역한다. 여기서 말하는 '후생'이나 '전생'은 윤회 개념과는 상관이 없다.

† Ontotheology. 존재신학 혹은 존재론적 신학은 신에 관한 존재론 혹은 존재의 신학을 뜻한다. 칸트가 이 용어를 처음 사용했으며, 하이데거는 후기 사상에서 서구 형이상학 전통을 비판하기 위해 이를 중요하게 다루었다.

‡ psukhē, ψυχή. 본래 고대 그리스어로 '숨'을 뜻하는데, 아리스토텔레스는 이를 생명의 원리로 보고 식물적 프시케, 동물적 프시케, 이성적 프시케로 구분했다.

§ 아리스토텔레스의 저작 《생성소멸론On Generation and Corruption》에 빗댄 표현이다.

찰하고 "동물의 부분"*을 정리하는 생물학자 아리스토텔레스가 있다.

아리스토텔레스의 생에 대한 자연철학이 담긴 저작이 방대한 데도 불구하고, 죽음에 대한, 혹은 나아가 후생에 대한 내용은 상대적으로 적다. 그런데 '생 이후'에는 무슨 일이 벌어지는가? 죽음과 부패와 분해인가, 아니면 부활과 재생인가? 생물학 용어로 생물이 무생물로 변하는 것, 분자로 이루어진 유기 생명체에서 무기 물질로 변하는 것인가? 혹은 신학적 견지에서 부활한 자가 다시 생명을 부여받아 살아 있는 주검이 되는가? 어느 쪽이든 후생은 '생 동안during life'이나 '전생'과 어떤 연관이 있다. 생물철학에서 기계론과 생기론의 논쟁이나, 그 이전의 스콜라 철학에서 피조물의 생의 본성에 대한 논쟁은, 분명 이런 관계의 모호성에 의해 빚어졌다.

후생의 안내자로 단테만 한 이는 없다. 《신곡》에서 후생의 생은 정치신학이다. 이는 엄밀한 구조를 지닌 동시에, 수많은 시체, 팔다리, 유체, 불, 강, 광물, 그리고 지복의 빛의 기하학적 문양과 더불어 흘러간다. 특히 〈지옥편〉은 후생의 생에 관한 몇 가지 간결한 서술을 제시한다. 일곱 번째 환에서 단테와 안내자 베르길리우스는 숱한 시체가 널려 있는 "불타는 사막"에 이른다.² 그곳에서 단테와 베르길리우스는 테베를 공격하고 제우스의 율법을 거역한 일곱 왕중 한 명인 카파네우스를 우연히 마주친다. 카파네우스는 불타는 모래 위에 길게 누워 있다. 그가 주권자에게 줄곧 저주를 퍼붓는 동

---

* 아리스토텔레스의 저작 《동물부분론On the Part of Animals》에 빗댄 표현이다.

안, 그의 몸 위로 불이 비처럼 쏟아진다. 베르길리우스의 설명에 의하면 카파네우스는 신을 거스른 신성모독자로서, 국가를 거스른 고리대금업자나 자연을 거스른 남색자와 같은 무리로 분류되었다. 그러나 〈지옥편〉에서 단테가 수없이 묘사하는 바와 같이, 구원은 없으며 벌 받는 자들도 대개 개전의 정이 전혀 없다. 반란, 반항, 불경으로 점철된 그들의 지긋지긋한 프로메테우스적* 드라마는 영원히 계속된다.

이런 장면은 고도로 의인화되어 읽기 쉽다. 그러나 단테가 마주치는 각 개인의 "그림자"는 죄의 범주를 나타내는 집단이나 총체와도 관련되는데, 특히 중간 지옥이 그렇다. 단테와 베르길리우스는 디스 시 성문으로 들어서자마자 맨 처음 악마의 무리를 맞닥뜨리고, 그다음에 푸리아†와 마주친다. 그곳을 일단 통과하면, "열린 무덤들의 풍경"을 보게 된다. 불타는 무덤마다 이단자가 들어가 있다. 귀스타브 도레는 이 장면을 매우 극적으로 그려냈다. 그보다 앞서 이 장면을 그린 보티첼리의 모범을 따라, 도레는 이단자들을 무덤에서 나오는 뒤틀리고 수척한 시체 무리로 표현한다. 길을 따라가던 두 사람은 (켄타우로스 떼의 감시 아래) 끓는 피에 잠긴 시체들의 강도 마주치고, (하르피이아‡의 감시 아래) 저주받은 자들의 몸

---

* 그리스 신화에서 제우스를 거역하고 인간에게 불을 가져다준 죄로, 바위산에 묶여 독수리에게 영원히 간을 쪼아 먹히는 벌을 받은 프로메테우스에 빗댄 표현이다.

† Furies. 그리스 신화에 나오는 복수의 여신 세 자매로, 날개가 있고 머리카락은 뱀이다. 에리니에스라고도 한다.

‡ Harpies. 그리스 신화에 등장하는 괴물로서, 새의 몸에 여자 얼굴을 하고 있다.

이 고목과 융합되어 있는 "자살자의 숲"도 마주친다. 여러 환에서 단테가 조우하는 것은 다중多衆일 따름이다. 북적거리는 군중(우유 부단한 자들이 있는 문), 흥분한 몸뚱이들의 폭풍(제2환, 육욕), 서로를 물어뜯는 몸뚱이들의 바다(제5환, 분노), 토막 난 몸뚱이들(제8환, 불화 조장), 나병에 시달리는 몸뚱이들의 들판(제8환, 위조). 후생의 생life-after-life은 이처럼 다중의 생일 뿐 아니라, 생이라는 개념 자체가 끊임없이 스스로를 부정하는 생이기도 하다. 이처럼 일종의 생기론적인 **생의 부정**life-negation은 살아 있는 시체인 디스 시의 "시민들"로 귀결된다.

그렇다면 생의 본질이나 원리가 아니라, 생에 대한 어떤 부정, 일종의 생 이후의 생을 사유하는 것으로 시작해야 할 것이다. 이때 이 '이후'는 시간적이거나 순차적인 게 아니라 경계적liminal인 의미이다.

2. 신성모독의 생

신성모독을 잊고 있었다. 〈지옥편〉에 등장하는 다양한 생의 부정과 관련하여, 신성모독이란 무엇인가? 불타는 사막으로 돌아가 보자. 카파네우스는 단테의 호기심 어린 시선을 알아차리고 소리친다. "한때 살아 있던 나, 여전히 살아 있도다. 죽은 채로!"[3] 어떤 면에서 이는 단순한 서술문일 뿐이다. 즉 살아서 신의 주권에 도전했던 자신이, 후생의 생에서도 여전히 그렇게 하고 있다는 말이다. 그런데 카파네우스는 정말로 후생에서 저항이 헛되다는 것을 깨달았는가?[4] 아니면 후생이라는 말의 뜻이 바뀐 것인가? 어쩌면 그의 말은 '나는 여전히 도전한다'보다는, 정말 문자 그대로 '나는 살아 있는 모순이다'와 같은 의미인지도 모른다. 살아 있는 시체를 가리키는 그러한 구절은 〈지옥편〉에서 계속 등장하며, 종종 단테 자신이 그렇게 말한다.[5] 그렇다면 아마도 "한때 살아 있던 나, 여전히 살아 있도다"라는 구절은, 실은 (후생에서) '나는 죽어서까지 여전히 살아 있도다'라는 의미일 것이다. (**살아 있는 시체**라는) 이런 살아 있는 모순은 '차단할' 뿐 아니라 '흐르게도 하는' 권력[전원power]이라는 정치신학적 모순과도 연결된다. 〈지옥편〉에는 푸코식의 현대적 생명정치biopolitics와는 완연히 다른 일종의 중세적 생명정치가 있다. 〈지옥편〉에서 주권과 다중의 기이한 접속은 영혼에 대한 형벌은 요구하지 않는 대신, 생기 넘치고 감각하는 살아 있는 몸뚱이를 요구한다. 그래서 어떤 때는 후생에 관한 거의 의학적인 개념이 나타난다(예를 들어 불화 조장자는 꼼꼼하게 절단되고, 절개되고, 해부된다). 이러한 주권적인 '차단함'과 더불어, 일종의 주권적인 '흐르게 함'도 있다. 실제로 〈지옥편〉 몇 군데에서는 이 둘의 동형성을 암시하는 듯하다.

그래서 신성모독은 이런 점에서 살아 있는 모순을 주장한다고 볼 수 있다. 그러나 이는 그저 모순이 없어야 한다는 권위적 요구에 대한 저항이 아니다. 이런 주장의 현대적 변형은 하나의 존재론적 원리가 되려고 애쓴다. H. P. 러브크래프트의 〈광기의 산맥At the Mountains of Madness〉 속 "괴기스런 생물"에서 이런 점이 가장 뚜렷이 드러난다.[6] 이 이야기는 두 종류의 신성모독적 생을 묘사한다. 첫 번째는 남극 깊숙한 곳에서 미지의 화석과 "거석으로 쌓은 도시"

를 발견한 것이다. 둘 다 "기하학적 법칙의 기괴한 왜곡"을 보여준다.[7] 이 발견은 지능이 있는 "올드원Old One"이라는 종의 유해를 찾아내는 것으로 이어지는데, 이 유해는 훼손이 심해서 식별하기 어려울 정도이다. 러브크래프트의 신화 체계에서 올드원은 지금까지 알려진 가장 오래된 인간 화석이 형성된 시기보다 까마득히 먼 옛날에 살았다고 여겨진다.[8]

이는 또 다른 발견으로 이어진다. 원정대는 쇼고스라는 또 다른 유형의 생명체를 발견한다. 무정형이지만 기하학적 문양을 닮았다. "부글거리는 세포들의 끈적거리는 응집체. 직경 15피트[약 4.5미터] 가량의 무한히 형태를 바꿀 수 있는 말랑말랑한 고무 같은 타원체. 올드원의 최면에 걸린 노예이자 도시의 건설자. 그들은 점점 음침해지고, 점점 총명해졌으며, 점점 땅과 물 양쪽에서 살 수 있게 되어가고, 또 점점 모방을 잘하게 됐다."[9] 러브크래프트의 글에서 쇼고스는 타자의 타자, 종 아닌 종, 생물학적 공집합이다. 산 채로 발견된 그들은 때로는 형태 없는 검은 점액으로, 때로는 유기적 "점들"의 수학적 문양으로, 때로는 끈적거리는 눈알을 무수히 토해내는 덩어리로 묘사된다. 형태가 없고, 추상적이며, 얼굴도 없다. 자주 언급되는 다음 구절에서, 화자의 표현은 이런 유의 "생명체"를 사유하는 인간 능력의 지평을 보여준다.

댄포스와 나는 생생하게 반짝거리면서, 빛을 반사하여 각도에 따라 색이 변하는 검고 질척거리는 물질을 보았다. 그 물질은 머리 없는 시체에 두텁게 들러붙어서, 알려지지 않은 생소한 냄새를 불쾌하게 풍겼다. 병적인 공상만이 그 냄새의 원인을 상상해낼 수 있었다. 그 점액은 저 시체에 들러붙어 있었고, 저주받은 듯 변형된 벽의 매끈한 부분에서는 일련의 점 덩어리를 이루면서 덜 반짝거렸다. 이때 우리는 **우주적 공포**의 특질을 그 극한까지 이해했다.[10]

우주적 공포에 관한 러브크래프트의 이야기들에서 나타나는 신성모독의 형태는 분명히 탈의인화적이고 인간 혐오적이다. 인간 행위자의 신성모독(하계에서 카파네우스가 행한 신성모독) 개념은 광기의 산맥에서 몰인간("점점 땅과 물 양쪽에서 살 수 있게 되어 가고")의 신성모독으로 옮겨간다. 러브크래프트에게 "그것it"은 신성모독적이지만, 또한 무심하고 불가해하며, 대개는 이름도 붙이기 어렵다("것", "운명", "공포", "속삭이는 자").*

신성모독적 생의 중심에는 살아 있는 모순이라는 관념이 있다. **신성모독적 생은 살아 있지만 살아 있어서는 안 되는 생이다.** 이 모순은 의학적 모순이 아니다. 신성모독적 생은 종종 과학적으로 설명할 수 있지만, 여전히 완벽하게 불가해한 것으로 남기도 한다. 만약 그것이 논리적 모순이라면, 참된 모순true contradiction의 존재가 인정되어야 할 뿐 아니라, 그 존재가 모든 존재론의 토대가 되어야 한다. 참된 모순이 있다는 주장은 논리학 용어로 보통 '양진주의兩眞

---

* 러브크래프트의 소설 제목 〈현관 앞에 있는 것The Thing on the Doorstep〉, 〈사나스에 찾아온 운명The Doom That Came to Sarnath〉, 〈잠재된 공포The Lurking Fear〉, 〈어둠 속에서 속삭이는 자The Whisperer in Darkness〉에 대한 언급이다.

主義'[11]라고 부른다. 하지만 러브크래프트의 글에서는 이것이 뒤틀린다. 쇼고스는 **양진적 생물**dialethic biologies의 기이한 사례이다. 이런 모순은 바로 모순적이기 때문에, 혹은 "신성모독적"이기 때문에 살아 있다.

단테에게 신성모독적인 것은 살아 있는 모순이다. 이는 죽은 채로 살아 있는 것이고, 후생에 살아 있는 것이다. 이에 비해 러브크래프트에게 신성모독적인 것은 바로 '생'을 전혀 사유할 수 없는 무능력이다. 여기서 신성모독은 사유할 수 없는 것이 된다. 이런 신성모독적 생을 설명하려면, 기존의 사고 범주를 훼손하거나 '살아 있는 숫자'나 '병적 생명' 같은 모순적 관념을 받아들여야 할 것이다.

3. 에워싸는 재앙

신성모독적인 익명의 '그것'은 역병과 흑사병의 해석학에서도 나타난다. 재난에 대한 우리의 개념 자체가 일반적으로 깊은 불안을 무심코 드러낸다. 어떤 재난은 '자연적'이고 다른 재난은 그렇지 않다는 것이, 예방할 수 있는(따라서 통제할 수 있는) 재난과 그렇지 않은 재난 사이에 가상의 선이 있다는 의미는 아니다. 전염병도 마찬가지이다. 다만 이런 '생물학적 재난'의 작용이나 활동은 인류 자체를 가로지른다. 즉 신체 안과 신체 사이를 가로지르고, 정치체를 형성하는 세계적 교통망과 교역망을 가로지른다. 미국에서는 이중의 개념 장치로 공중보건의 전반적 군사화를 은폐한다. 그 이중의 개념 장치는 (자연적인) '전염병 발생'과 (인위적인) '생물방어

biodefense'이다. 보다 근본적으로 유행병과 생물무기의 분별이 점차 힘들어지면, 적대 관계 전체가 다시 규정된다. 위협은 단지 적국이나 테러 단체가 아니다. 위협 자체가 생물학적이다. 생물학적 생 자체가 절대적인 적이 되는 셈이다. 생이 생에 대항하는 무기가 되면서, 생물학적 영역 자체에 대한 **불안**에 휩싸이는 결과를 초래한다.[12]

탈세균post-germ 이론인 '자가면역'의 범위 논쟁에 비추어 유행병을 살펴보는 것은 통상적인 일이 되었지만, 재앙과 역병에 대한 전근대적 개념에서는 더욱 근본적인 문제가 나타난다. 여기에서는 전염, 부패, 오염의 개념에 있어 생물학과 신학이 항상 서로 교직한다.[13] 흑사병 연대기 편자의 주요 관심사 중 하나는 인과관계였고, 어떻게 이런 인과관계를 신과 관련하여 해석하는가였다.[14] 흑사병이 중세 유럽 전역에서 창궐하자, '진노하신 하느님'이라는 모티프가 많은 허구의 연대기 혹은 논픽션 연대기에서 되풀이된다. 이는 보카치오의 《데카메론》의 주요 골격이고, 《농부 피어스》*의 모티프이며, 영국에서는 재앙 소책자plague pamphlet라는 하위 장르를 형성한다.[15] 이런 소책자는 성서에 나오는 재앙을 차례차례 언급한다. 가장 잘 알려진 것은 이집트에 내린 열 가지 재앙이다. 하느님은 이집트 파라오가 유대인을 풀어주게 하려고 열 가지 "재앙"을 내린다.[16] "재앙"에는 유행병뿐 아니라, 피로 변하는 강, 곤충 떼, 폭풍우,

* *Piers Plowman*. 중세 영국의 운문 작가 윌리엄 랭글런드William Langland (1332?~1386?)가 쓴 알레고리적인 이야기시이다.

흑암 등도 있다. 흑사병 연대기에서 더 자주 언급하는 것은 종말이다. 난해하고 복잡한 상징을 사용하는 〈요한계시록〉은 "일곱 천사"에 대해 이야기한다. 이들은 하느님의 심판으로서 인류에게 "일곱 재앙"을 "퍼붓는다." 여기서도 "재앙"은 전염병부터 가축의 이상 상태, 날씨, 도시 파괴까지 다양하다.[17]

이 모든 사례의 핵심 요소는, 거룩한 주권자가 심판 그리고/혹은 형벌로서 쇠퇴, 부패, 죽음과 분리할 수 없는 독기 품은 생명을 내려 보낸다(더 나은 표현으로는, 유출*한다)는 것이다. 재앙과 역병에 대한 전근대적 개념에서 주목할 만한 점으로는 생물학과 신학의 경계가 흐려진다는 것뿐 아니라, 재앙과 역병의 개념이 엄청나게 유연하다는 것도 있다. 흑사병 연대기에서는 재앙이 서로 분리되고 거의 생명을 얻은 '사물'인 동시에, 공기, 사람의 숨결, 옷과 소지품, 심지어 시선을 통해서도 퍼지는 어떤 것이다. 초기의 연대기 편자가 언급했듯, "감염자 한 명이 다른 사람들에게 독을 옮길 수 있다. 사람과 장소를 바라보기만 해도 감염시킬 수 있다."[18]

재앙과 역병에 대한 중세의 해석학이 신플라톤주의적이라고 이해하는 것은 꽤 솔깃한 시각이다. 즉 재앙과 역병을 신성한 중심에서 유출되는 초자연적 힘으로 이해하는 것이다. 그러나 이를 위해서는 창조주와 피조물의 관계가 병적이라고 이해해야 한다. 신성한 주권자가 독기 어린 부식의 확산을 통해 스스로를 유출하기

---

* emanation. 샘에서 물이 흘러나오듯이, 최고의 일자一者 혹은 신으로부터 만물이 흘러나온다는 신플라톤주의의 개념이다.

때문이다. 그런데 여기서 유출되는 것은 창조 자체가 아니라 오히려 그 반대이다. 이러한 일종의 탈창조de-creation는 아리스토텔레스가 "소멸"(질병, 쇠태, 부패)이라 부르는 것의 이면이다.[19] 신플라톤주의적 일자—者에서 유출되어 피조물의 생으로 확산하는 이 기이한 생명을 이해하려면, 또 다른 요소를 고려해야 한다. 재앙과 역병에 대한 중세의 다양한 이야기에서, 공통 모티프로는 하느님의 진노 외에도 신성한 무기로서의 재앙과 역병도 있다. 신성한 주권자는 단지 판결만 내리지 않는다. 주권자는 생명을 무기화('재앙'의 병적 생명)하여, 그 역시 신성한 의지로 창조된 피조물의 지상의 생을 겨냥한다.

거의 틀림없이 이 모티프는 고대에 뿌리를 두고 있다. 예를 들어 헤시오도스의 서사시에서, 제우스는 프로메테우스를 응징하기 위해 재앙이 들끓는 판도라의 '선물'을 보낸다. 마찬가지로 《일리아스》는 분노한 아폴론이 신에게 불경한 인간의 군대에 재앙의 "화살"을 쏘아 내리는 것으로 시작한다. 물론 천상이 아닌 지상의 사례도 있다. 이와 관련하여 흔히 언급되는 사례는 시체를 투석기로 날리던 중세의 관행이다. 가장 중요한 장면은 14세기 흑해 북안의 이탈리아 교역 도시인 카파에서 벌어졌다. 여기에서 이탈리아 상인과 현지 무슬림 주민이 지속적으로 충돌하는 와중에, 무슬림은 투석기로 전염병에 걸렸던 시체들을 이탈리아 상인의 요새 성벽 너머로 날렸다.[20]

이 모든 것은 역병의 정치신학이 차단이나 '봉쇄'의 문제가 아니라는 사실을 암시한다. 물론 그런 측면도 있지만, 어느 정도까지만 그렇다. 역병은 퍼져나가고 확산하고 순환하기 때문에, 이런 '사물' 혹은 '사건'은 신성의 유출인 동시에 사회적·정치적 혼란의 원천이다. 따라서 주권자의 권력에 더욱 복잡한 문제를 야기한다. 어떻게 구석구석 퍼져가는 사람들에 대한 통제력을 잃지 않으면서, 구석구석 퍼져가는 역병을 통제할 수 있는가?

그러나 연대기 기록이나 보카치오, 초서, 랭글런드의 글을 보아도, 역병이 사회적·정치적 무질서를 야기하는지, 혹은 역병이 총체적 혼란이라는 정서적 환상과 동일한지는 명확하지 않다. 그래서 기이한 상황이 벌어진다. 역병 자체는 신성한 1차 주권자의 권력에 의해 초자연적으로 발생했다. 그러면 지상의 2차 주권자는 역병으로 인한 임박해오는 만연한 혼란을 막기 위한 다수의 예외적 조치를 내놓는다. 역병 자체를 유출하는 신성한 1차 주권은, 이를테면 역병의 원동자原動者* 인 셈이다.

4. 네크로스

하지만 무기화된 재앙은 언제나 몸 혹은 몸들을 겨냥한다는 것을 잊어서는 안 된다. 그렇다면 살아 있는 무기의 표적은 과연 무엇일까? 살아 있는 표적이 아니라면, 그것은 시체인가?

네크로스nekros, νεκρός 개념은 고대 그리스·로마 문화에서 두

---

* primum mobile. 아리스토텔레스의 철학에서 "부동의 원동자Primum Mobile Immotum"는 스스로 움직이지 않으면서 다른 모든 것을 움직이게 하는 어떤 것이다. 아퀴나스는 신의 존재 증명을 위해 이 개념을 사용한다.

가지 중요한 의미가 있다. 한편으로 네크로스는 시체 또는 죽은 몸이다. 예를 들어 《오디세이아》에서 오디세우스가 한 동료의 장례식을 치를 때, 분묘지에서 불태우는 것이 네크로스이다. "죽은 사람nekros과 그의 갑옷을 태우고 / 봉분을 쌓고 돌을 끌고 와 그 위에 잘 얹고 / 그의 반듯한 노를 무덤 꼭대기에 높이 꽂았다네."[21] 물론 네크로스는 이승을 떠난 생, 혹은 몸을 막 떠난 생이라는 단독자를 부르는 이름이다. 그렇지만 무덤에 시체와 갑옷이 함께 놓이는 데서 나타나듯이, 이 시체는 그 생이 남긴 어떤 잔여를 여전히 지닌다. 나아가 네크로스는 '죽은 사람'뿐 아니라, 시체의 사물성을 부르는 이름이기도 하다. 어떤 의미에서 네크로스는 생명이 빠진 몸과 시체의 사물성 사이를 오간다. 이러한 사물성은 (가령 살아 있지 않은 몸으로서의 갑옷 같은) 순수 무생물의 영역에 접근한다.

그러나 《오디세이아》에는 네크로스를 더욱 의미심장하게 사용하는 사례도 있다. 하계로 가는 오디세우스의 여정을 자세히 서술하는 유명한 구절이다. 이 장면에서 오디세우스가 망자를 불러내는 희생 제의를 처음으로 치르자, 그들은 하계에서 떼 지어 천천히 등장한다.

> 그리고 서약과 기도로
> 망자들의 종족ethnea nekrōn을 부르며,
> 나는 제물들을 끌고 도랑 위로 올라 목을 베었고
> 검은 피가 흘러들었다네. 에레보스*에서 올라오는
> 망자들의 유령nekuōn kataethnēōtōn이 내게 몰려들었네.[22]

여기에서 네크로스는 더 이상 시체를 부르는 이름이 아니다. 심지어 시체의 사물성을 부르는 이름도 아니다. 그 대신 네크로스는 살아 있는 어떤 것, 적어도 생기가 있는 어떤 것을 부르는 이름이다. 그러나 어떤 식으로든 동물의 생과는 근본적으로 다르다. 시체로서의 네크로스는 생사의 견고한 경계를 상정하지만, "망자"로서의 네크로스는 양의적 생기론이 그 특징이다. 그 죽은 혼령은 비물질적이지만 초월적이지는 않다. 그 생은 계속 살아가지만, 일종의 끝없고 공허한 불멸로 살아가는 것이다. 그러므로 네크로스는 시체라기보다는 "망자" 혹은 후생의 생의 존재이다.

그런데 만약 생 이후에 '계속 살아가는' 것이 있다면, 그것은 무엇인가? 바울이 드는 예는, 나중에 그리스도 부활에 관한 신학 논쟁에서 논란의 중심이 된다. 모든 살아 있는 것이 그렇듯, 필멸의 신체는 생명과 영혼의 혼융과 성장 과정을 보여준다. "그러나 하느님은 당신 뜻대로 몸을 주시되, 씨앗 하나하나에 각각 몸을 주시느니라. (…) 죽은 자의 부활도 이와 같으니, 썩을 몸을 심지만 썩지 않을 몸으로 키우도다. (…) 심은 것은 자연의 몸이지만, 키운 것은 영혼의 몸이니라."[23] 부활에 대한 유기체설의 모티프는 씨앗의 모티프이다. 땅에 심은 이 씨앗은 크면서 새 몸으로 생기를 얻는다(혹은 다시 얻는다). 이것은 개인의 부활일 뿐만 아니라, 신비체corpus mysticum라는 공동체의 부활이기도 하다.

---

* Erebus. 그리스 신화에서 암흑을 의인화한 신이며, 하계의 일부로도 자주 언급된다.

바울의 신조에는 모호한 부분도 많다. 교부 사상가들 사이에서는 후생의 생이 어떻게 부활하는지, 그러한 초자연적 생이 어떻게 생겨나는지에 대한 의견이 분분했다.[24] 일단의 논쟁은 부활의 시간성 문제를 중심으로 벌어진다. 만약 살아 있고 필멸이며 땅에 얽매인 몸이 성장과 쇠퇴의 과정에 영향받기 쉽다면, 어떤 물질적 상태로 부활하는가? 어떤 종류의 생이 돌아오는가? 부활한 몸, 즉 후생의 생은 영구히 정지한 상태(일종의 '살아 있는 조각상')로 사는가, 아니면 더욱 완성된 형태를 향하면서, 혹은 지복이 엄청나게 급성장하면서 계속 변모하는가? 교부 사상가들 사이의 소위 물질적 연속성 논쟁은 생과 후생에 관련된 시간의 문제를 강조할 뿐만 아니라, 신학과 정치의 영역을 가로지르는 하나의 문제를 드러낸다 (예를 들어 바울은 신비체의 기본적인 해부학이 자연적인 것과 초자연적인 것, 지상과 신성 모두로 구성된다고 제시한다).

부활은 신체나 영혼의 부활일 수도 있고, 더 일반적으로는 "망자"의 부활일 수도 있다. 하지만 영혼의 부활을 주장하는 이론들도 (오리게네스[*]의 "영적 육체"라는 관념처럼) 여전히 유동적 몸body-in-flux의 필요성을 최소한으로나마 주장한다. 물질적 연속성의 문제는, 썩어 문드러진 형태 없는 몸을 다시 조합하고 다시 생기를 부여하는 물질적 과정에 관한 공간적이고 위상학적인 문제와도 연관된다. 그저 물질적 입자들이 돌아온다고 부활하지는 않는다. 그런 입자들은 혼을 불어넣거나, 갱생시키거나, 어떤 식으로든 새로 주조

---

[*] Origen(185?~254?). 이집트 알렉산드리아 학파의 저술가이자 신학자이다.

해야 한다. 그리고 여기서 '연쇄 섭취'를 둘러싼 거의 부조리극 같은 논쟁이 표면화된다. 만약 벌레와 짐승이 시체를 먹고, 인간이 다시 그 짐승을 먹는다면, 어떻게 그 몸의 부분 혹은 입자들이 다시 조합되어 부활할 수 있는가? (알프레드 자리[*]의《위비 왕》에서 제안한 해결책을 떠올릴 수도 있겠다). 테르툴리아누스[†]가 제시한 한 가지 부분적 해법은 초점을 부활한 몸의 질료로부터 그 형상으로 옮기는 것이다. 그렇게 변화를 거치면서도 연속성이 유지될 수 있다. 따라서 식인이 연속성을 부정하지는 않으므로, 살아 있는 시체는 잡아먹힌 시체일 수도 있다.

부활에 대한 신학 논쟁은 어떤 근본적 이분법을 시사한다. 즉 자연계(종자, 식물, 동물)의 성장과 쇠퇴에 관한 유기체설 모델이 부활에 대한 유비적 모델일 수 있는가, 아니면 이러한 성장과 쇠퇴 과정이야말로 바로 부활이 교정하고 '치유'하려는 것인가? 이런 물음은 실상 후생에서의 자연과 초자연의 관계와 연관된다. 아니, 더 좋은 표현으로는, 초기 중세 신학과 후기 스콜라 철학의 존재신학을 구성하는 생과 '무엇인가 더해진 생life-plus-something'의 관계와 연관된다. 유비, 모델, 완성으로서의 후생은 어떤 식으로든 유한하고 필멸인 생과 관련이 있으므로, 우리에게 어느 정도는 친숙하다. 그래서 오리게네스 같은 사상가들이 신학적 맥락에서 성장과 쇠퇴에

---

* Alfred Jarry(1873~1907). 프랑스의 극작가 겸 시인이다. 그의 희곡《위비 왕King Ubu》[박형섭 옮김, 동문선, 2003]은 최초의 부조리극으로 여겨진다.

† Tertullian(155?~220?). 카르타고에서 활동한 교부이자 호교론자이다.

대해 장황하게 이야기할 수 있는 것이다. 그러나 후생은 초자연적 현상이기 때문에, 철학적 탐구 범위는 물론이고 신학적 탐구 범위까지 넘어선다.

　이런 접근할 수 없는 곳에 어떻게 (미루어 보건대 **살아지는**[체험되는] 어떤 것일) 생이 있을 수 있는가? 신학자 루돌프 오토[*]는 1917년 《성스러움의 의미Das Heilige》이라는 명저에서, 자신이 만든 "신령"[†] 개념을 통해 종교적 경험을 광범위하고 포괄적인 맥락에서 고찰한다. 신령은 절대적 비인간으로서의 세계와 직면하는 인간의 한계 경험이다. "완전한 타자"인 세계는 "모든 피조물을 초월한 형언할 수 없는 신비"이다.[25] 오토에 따르면, 신령은 "떨리는 신비"라는 그의 표현에 압축된 공포와 경이의 모순적 경험을 말한다. 신비뿐 아니라 전율이나 공포의 "압도함"도 오토의 종교적 경험에 대한 이론에 기여한다. "진실로 '신비한 대상'은 우리의 불안과 이해 너머에 있다. 이는 우리의 지식에 숙명적 한계가 있기 때문만이 아니라, 우리가 이 한계 안에서 본질적으로 '완전한 타자'를 조우하기 때문이기도 하다. '완전한 타자'와 우리 자신의 유형이나 성격은 통약 불가능하다. 따라서 그 앞에서 우리는 오싹하고 멍하게 만드는

---

[*]　Rudolf Otto(1869~1937). 독일의 루터교 신학자, 철학자, 종교학자이다.

[†]　numinous. 합리성 영역 너머의 '신적인 것'을 가리키는 개념으로, 여기에서는 '신령'으로 옮긴다. 루돌프 오토에 따르면, 신령스러운 대상 혹은 절대적 타자인 신비mysterium 앞에서 느끼게 되는 감정은, 두려움으로 떨게 하는 "떨리는 신비mysterium tremendum"와 매혹적으로 이끌리는 "끌리는 신비mysterium fascinosum"이다.

경이에 움찔하게 된다."[26] 이런 사건은 실로 (신비주의적 경험처럼) 극적이고 강렬한 경험일 수도 있지만, 가장 일상적이거나 평범한 상황에서 부지불식간에 영향을 미칠 수도 있다.

오토에 따르면, 몰인간적 세계와의 이런 대면은 다양한 악마, 유령, 사악한 피조물로 나타날 수도 있다. 이들은 다른 종교적 전통들의 신화적이고 우주론적인 틀에서도 한 자리를 차지한다. 여기에 덧붙여 공포스러운 신성과의 대면은 18세기 고딕소설의 주요 주제이기도 하다. 고딕소설에서 신령은 무상한 존재이다. 즉 신령은 자연적이거나 합리적인 원인이 있다고 판명될 수도(래드클리프[*]의 《우돌포의 비밀》), 초자연적인 것으로 인정될 수도 있다. 또한 신령의 공포는 믿음의 긍정으로 승화될 수도(월폴[†]의 《오트란토 성》), 지옥을 향한 추락으로 이어질 수도 있다(루이스[‡]의 《수도사》).[27]

'신령numinous'이라는 단어는 어원적으로 칸트의 용어인 본체 noumena와 친연성이 있다. 칸트는 현상phenomena(주체에게 나타나는 대로의 세계)과 본체(접근할 수 없는 세계-자체)의 분리를 재확인하고, 본체에서 멀어져 현상을 분석하는 쪽으로 기울었다. 사실 칸트의 순수이성의 이율배반(신의 존재, 우주의 기원, 영혼의 존재

---

[*] Ann Radcliffe(1764~1823). 영국의 작가로서, 대표작인 《우돌포의 비밀The Mysteries of Udolpho》은 고딕소설의 정수라는 평가를 받는다.

[†] Horace Walpole(1717~1797). 영국의 작가이자 정치가이다. 고딕 문학을 부활시켰으며, 《오트란토 성The Castle of Otranto》[하태완 옮김, 황금가지, 2002]은 최초의 공포소설로서 영국에 공포소설 유행을 일으켰다.

[‡] Matthew Lewis(1775~1818). 영국의 소설가이다. 《수도사The Monk》는 당시 유행하던 공포소설의 하나였다.

등에 대한 증명)은 어떤 의미로는 현상으로부터 너무 멀리 밀고 나가서, 본체에서 그리 멀지 않은 공간을 차지하기 시작한다.[28] 그럼에도 불구하고 바로 이 영역, 즉 익명의 '있음there is'이야말로 오랫동안 존재론을 매혹시키는 지점이었다.

여기서 고딕적인 '신령'(절대적 타자인 신성에 대한 공포)과 칸트적인 본체(몰인간적이고 익명적인 세계) 사이의 개념적 혼성을 숙고할 필요가 있다. '망자'인 네크로스는 어떤 의미에서 일종의 **신령한 생**nouminous life인가? 신령한 생이 또렷이 표현하는 개념적 공간은 담론 외부에서 살아지는 공간(고딕적 '신령')도 아니고, 담론 내부에서 추론되지만 아직 살아지지는 않은 공간(칸트의 이율배반)도 아니다. 이것은 '생의 공포'라 할 수 있는데, 단 이런 표현에 달갑지 않은 의인화나 심지어 실존주의적 함축이 들러붙지 않은 경우에만 그렇게 부를 수 있다. 후생의 생이 신령한 생이라면, 본체의 공포를 끌어내기 때문이리라. 그것은 무심하게 계속 살아가는 생의 공포이다.

5. 생물학의 영혼

서양에서 신학과 공포의 관계는 다음과 같은 여러 피상적 비유를 끌어들인다. 가령 성찬식은 식인이자 흡혈이다. 유대교와 기독교의 종말론 전통에서는 천국이 실현되면 늘 망자가 부활한다. 그리고 신약성서의 수많은 사례에서 묘사하는 악마와 악마 빙의는 구세주의 치유 권능을 끌어낸다. 공포 장르에서 죽음, 부활, 신성한 것과 악마적인 것이라는 주제를 얼마나 많이 다루는지 생각해보면, 실로 공포 장르는 신학적 관심사의 세속적이고 문화적인 표현이라고 주장할 수도 있다.

그렇지만 좀 더 면밀하게 살펴보면, 신학과 공포를 매개하는 것은 대개 '생'의 개념이다. 심지어 신학자들이 20세기 공포영화의 고전들을 주의 깊게 감상하고 있는 모습을 상상해볼 수도 있다. 여기에서 다루는 문제는 가령 자연적인 것과 초자연적인 것의 관계(〈칼리가리 박사의 밀실〉*을 보는 아퀴나스), 인간과 짐승의 차이점과 유사점(〈울프 맨〉†이나 〈캣 피플〉‡을 보는 아우구스티누스), 신비체의 일관성이나 비일관성(〈좀비들의 반란〉§이나 〈산 자를 묻다〉¶를 보는 바울), 후생의 문제(이탈리아 무성영화 〈지옥〉**을 보고 있는 단테) 등이다. 그러나 구태여 그러한 시나리오를 상상할 필요도 없다. 수많은 공포 예술영화에서 실제로 이런 쟁점을 다루기 때문이

---

* The Cabinet of Dr. Caligari. 로베르트 비네Robert Wiene(1873~1938) 감독의 1920년 독일 공포영화로, 독일 표현주의 영화의 정수라고 평가받는다.

† The Wolf Man. 조지 와그너George Waggner(1894~1984) 감독의 1941년 미국 공포영화로, 이후 늑대인간을 다루는 장르물의 초석을 닦았다고 평가되며, 늑대인간에 대한 대중적인 이미지에도 큰 영향을 미쳤다.

‡ Cat People. 자크 투르뇌Jacques Tourneur(1904~1977) 감독의 1942년 미국 공포영화로, 야수로 변신하는 힘을 가진 고대 종족의 후예가 겪는 일을 다루고 있다.

§ Revolt of the Zombies. 빅터 핼퍼린Victor Halperin(1985~1983) 감독의 1936년 미국 공포영화로, 초기 좀비 영화 중 하나로 손꼽힌다.

¶ I Bury the Living. 앨버트 밴드Albert Band(1924~2002)감독의 1958년 미국 공포영화로, 공동묘지와 얽힌 죽음의 저주의 실체를 밝혀나가는 과정을 다루고 있다.

** L'Inferno. 1911년 이탈리아 최초의 장편 극영화로, 단테의 《신곡》 〈지옥편〉을 느슨하게 개작한 작품이다.

다. 데이비드 크로넌버그 감독 초기의 '생체조직 공포' 영화부터, 잉마르 베리만 감독의 〈창문을 통해 어렴풋이〉,* 다리오 아르젠토 감독의 최근 완결된 "세 어머니" 3부작†에 이르는 작품들이 그 예이다.

신학과 공포가 공히 '생' 개념을 다룬다면, 사유할 수 있는 것의 한계에 놓여 있는 이 '생'이란 정확히 무엇인가? 단서는 아리스토텔레스에게 있다. 아리스토텔레스는 《영혼에 관하여》에서 프시케 개념을 통해 철학적 문제로서의 생이라는 물음을 명시적으로 사유한다. "그렇다면 틀림없이 영혼(프시케)이라는 실체는 생이라는 가능태를 지니는 자연적 육체의 형상이다. 왜냐하면 이런 실체는 현실태이므로, 영혼은 이런 육체의 현실태일 것이기 때문이다."[29] 스콜라주의에서 선호하는 용어를 차용하자면 "영혼 불어넣기ensoulment" 혹은 생기 불어넣기animation라고 할 수 있다. 이는 질료형상론hylomorphism에 의거하여, 생이 문자 그대로 형상을 갖추는formed(혹은 형상으로 들어가거나in-formed, 이따금 형상에서 나오는 de-formed) 과정을 일컫는 용어이다.

그러나 아리스토텔레스가 《생성소멸론》에서 제시하는 그림

---

* Through a Glass Darkly. 잉마르 베리만Ingmar Bergman(1918~2007) 감독의 1961년 스웨덴 영화로, 조현병에 걸린 주인공의 심리를 따라가며 신과 신앙에 대해 질문하는 작품이다.
† Three Mothers trilogy. 다리오 아르젠토Dario Argento(1940~) 감독의 이탈리아 공포영화 〈서스페리아Suspiria〉(1977), 〈인페르노Inferno〉(1980), 〈눈물의 마녀Mother Of Tears: The Third Mother〉(2007) 3부작을 일컫는다.

은 다소 다르다. 여기서 중심적인 질문은 생의 원리가 아니라, 오히려 형태론morphology과 변화의 문제이다. 아리스토텔레스는 묻는다. "생성"과 "소멸"은 일반적인 변화와 어떻게 다른가? 성장과 쇠퇴는 단지 이보다 넓은 범주인 변화의 사례에 불과한가? 이는 생명 영역에서 더욱 근본적인 물음으로 이어진다. "무엇이 '성장하는 것'인가?"[30]

아리스토텔레스의 접근법은 변화의 서로 다른 양상을 구분하는 것이다. 첫째로 질적인 변화 과정인 변질이 있다(나뭇가지에서 싹이 트거나 동물 털이 자라는 것을 생각해볼 수 있는데, 이때 그 나무나 동물은 여전히 동종의 나무나 동물이다). 둘째로 실체적 변화인 생성과 소멸 과정도 있다(다른 동물에게 먹힌 동물은 실체의 변경을 겪는다). 마지막으로 성장과 쇠퇴 과정이 있는데, 여기에는 (커지거나 작아지는) 크기의 변화가 수반될 수 있다. 아리스토텔레스는 앞의 두 가지는 생물과 무생물 모두에서 일어나는 일반적인 변화 과정이지만, 성장과 쇠퇴는 생물 영역에서만 일어난다고 시사한다. 왜 그럴까? 아리스토텔레스가 제시하는 이유 중 하나는 먹는 것과 관련이 있다. 성장과 쇠퇴는 생물에서만 일어나지만, 근본적으로 생물과 무생물이라는 실체 모두에게 일어나는 변화와 관련이 있다. 이런 변화는 "살과 '반대된다'고 할 수 있는 '음식'이라고 부르는 무언가를 추가"하는 데 기인하며, 이는 바로 "이 음식을 살과 동일한 형상으로 변형"하는 것을 수반한다.[31]

아리스토텔레스의 음식 섭취 사례에서는, 네크로스가 무생물 물질로 이행하는 쇠퇴와 부패 과정도 포함될 수 있다. 그것은 벌레의 먹이가 된다… 하지만 네크로스가 후생의 생이 되는 또 다른 이행도 포함할 수 있을까? 이것은 어떤 종류의 변화인가? 변질인가, 생성/소멸인가, 성장/쇠퇴인가? 이것은 일종의 영혼 변형의 생물학을 구성하는가, 아니면 '생물학의 영혼'을 구성하는가?

신학이 암묵적으로 인정하는 것을, 공포는 명시적으로 진술한다. 그것은 '생life' 개념의 핵심에 있는 깊은 균열이다. 생은 이런저런 생물이라는 특정한 사례를 가리키지만, 동시에 각각의 모든 생물에 공통적인 것을 가리키기도 한다. 전자는 **생물**the living이라고, 후자는 대문자를 써서 **생명**Life이라고 부르자. 생물이 생명(또는 살아 있는 것)의 특수한 현시라면, 생명 자체는 단순히 이런저런 생물이라는 사례가 아니라 생의 원리(또는 생물이 살아 있게 하는 것)이다. 기본적으로 아리스토텔레스에게서 유래하는 생명과 생물 사이의 이 균열은 오직 특수한 사례에서만 명백히 드러난다. 즉 이런 균열은 '영적 피조물spiritual creatures'을 개념화하는 스콜라적 시도에서, 부활에서의 후생의 생이라는 문제에서, 또 자연철학 및 기형학적인 이형이나 변이를 해명하려는 시도에서 잘 드러나는 것이다.

그러나 가장 유익한 예는 고전 공포영화이다. 특히 유니버설이나 RKO와 같은 할리우드 영화 스튜디오의 '괴수영화'가 그렇다. 공포영화에서 넘쳐나는 살아 있는 모순은 현대의 동물우화집을 이룬다. 신학과 공포의 관계라는 견지에서 생을 다루는 이런 열전列傳에는 살아 있는 시체, 언데드undead, 악마, 허깨비phantasm가 등장한다. 각 경우마다 나름의 전형적인 모습, 알레고리 양식, 현시 방식,

그리고 철학과 공포의 연결 고리인 형이상학적 원리가 있다.

살아 있는 시체의 전형은 물론 좀비다. 그 알레고리 양식은 시간이 흐르면서 변해왔지만, (조지 로메로[*]의 영화에 등장하는 노동계급, 폭도, 대중 같은) 하층계급의 폭동에 대한 알레고리인 경우가 가장 잦다. 좀비의 현시 방식은 여러 가지이다. 이를테면 다중(로메로의 〈랜드 오브 데드Land of the Dead〉)이나 전염병(풀치Lucio Fulci의 〈좀비Zombie〉)으로 현시한다. 살아 있는 시체에게 지도적인 형이상학적 원리는 '살'이다.

그에 반해 언데드의 전형은 흡혈귀이다. 언데드의 알레고리가 빗대는 것은 하층계급의 폭동이 아니라, 낭만적인 귀족계층의 몰락이다(이는 꽤 일찌감치 브램 스토커[†]의 소설에서부터 분명히 드러난다). 흡혈귀의 현시는 인간과 동물(박쥐, 쥐, 개)를 오가거나, 유기체와 무기체(안개, 연기)를 오가는 변신으로 이루어진다. 이런 변신은 흡혈귀가 거의 불멸하고 무한하게 변화할 수 있다고 시사하지만, 그도 필멸의 고뇌에 시달린다. 필멸은 때로는 위협이고, 때로는 약속이다. 흡혈귀의 형이상학적 원리는 '피'다.

악마는 (일부는 물질적이고 일부는 비물질적인) 혼합물이며, 악마의 전형 자체도 하나의 혼합이다. 즉 악마 빙의는 인간의 몸과 악마의 혼이 결합한 이상하고 불안한 혼종인 것이다. 악마의 알레고

---

[*] George Romero(1940~2017). 미국의 영화감독으로, '좀비 영화의 아버지'라고 불린다.

[†] Bram Stoker(1847~1912). 아일랜드 출신 소설가로, 1897년 《드라큘라Dracula》[이세욱 옮김, 열린책들, 2009]를 발표하여 명성을 얻었다.

리가 흔히 가리키는 것은 중산층이나 부르주아인데, 때로는 치유의 틀에 혹은 심지어 임상의 틀에 속한다(르네상스 시대의 빙의 이야기나 〈엑소시스트〉* 같은 현대 영화에서 분명히 드러난다). 중간에 있는 존재라 할 수 있는 악마는 가장 높은 것과 가장 낮은 것을 하나로 모은다. 인간을 짐승으로, 그리고 짐승을 신으로 변형시키는 것이다. 악마의 형이상학적 원리는 '고기'다.

마지막으로 허깨비가 있다. 전형은 유령이다. 앞선 세 유형은 계급 역학(좀비-노동계급, 흡혈귀-귀족계층, 악마-부르주아)을 반영한 알레고리 양식으로 나타나지만, 유령은 후생의 저 기이한 미지의 기원, 즉 정신이나 영혼의 영역 혹은 그 세속적 형태인 기억의 영역을 다룬다. 유령은 그 비물질성에도 불구하고 다양하게 현시한다. 영매, 물리적 세계 속 대상의 변화, 혹은 징후와 전조에 의해서 현시하는 것이다. 유령의 형이상학적 원리는 '정신'이다.

이와 같은 일반화는 분명 한계가 있다. 그러나 한 가지 유념할 점은 이런 각각의 사례에서 생의 형태는 '생 자체'를 거부하고 특정한 후생의 형태를 띤다는 것이다. 이런 유형들 각각은 말 그대로 살아 있는 모순이다. 좀비는 활기 있는 시체이고, 흡혈귀는 불멸성의 부식이며, 악마는 초자연적 존재인 동시에 비천한 짐승이고, 허깨비는 비물질성의 물질화를 통해 존재한다. 그리고 각각의 경우에 후생 형태가 추구하는 생의 개념은 그 자체가 결핍이나 부정으

---

* The Exorcist. 윌리엄 프리드킨William Friedkin(1935~) 감독의 1973년 미국 공포영화로, 악령에 빙의된 소녀에 대한 엑소시즘 과정을 다룬다.

로 구성되는 생, 즉 '무언가가 빠진 생'이다. 살, 피, 고기, 정신에 관한 아리스토텔레스적인(그리고 히포크라테스적인) 기본 개념은 역설적이게도 생명 없는 생물이다. 이런 의미에서 **공포는 생명과 생물의 통약 불가능성 논리를 표현한다.**

6. 일의적 피조물

아리스토텔레스의 《영혼에 관하여》에서 특이한 점은 "생의 원리"를 탐구한다고 공표하면서 시작하고는, 곧바로 이 목적을 우회하는 것이다. 즉 그 대신 자연계, 감각, 지성에 대한 상세한 분석을 개시한다. 표면적으로는 살아 있는 유기체(조에zoē)의 몸에 관한 연구로 시작하지만, 사고(누스nous)에 대한 다소 불명료한 고찰로 끝난다. 마치 아리스토텔레스가 '생'의 문제는 생 그 자체life-as-such의 문제이기를 그쳐야 비로소 존재론적일 수 있음을 발견하기라도 한 듯하다. 이것은 이 문헌에 관한 후대의 주해에도 영향을 끼쳤다. 가령 아베로에스*와 아퀴나스의 주해의 특징도 이런 전환이다.

그러나 《영혼에 관하여》 2권에서 아리스토텔레스는 몇 가지 중요한 구별을 한다. 프시케를 생의 원리로 개념화한 후, 프시케의 서로 다른 유형을 구별하는 것이다. 즉 프시케 자체가 다양한 특수 형태로 현시한다. 아리스토텔레스는 식물, 동물, 인간을 나누는데, 이런 구별은 프시케의 현시 혹은 이들을 지배하는 생의 형태에 근

---

* Averröes(1126~1198). 스페인의 아랍계 철학자이자 의학자이며, 특히 아리스토텔레스를 다시 발굴한 주석가이다

거한다. 식물은 영양의 프시케, 동물은 감각과 운동의 프시케, 사람은 이성과 지성의 프시케가 특징이다. 이 형태들은 오름차순이다. 식물은 영양의 지배를 받기에, 움직일 수도 생각할 수도 없기 때문이다. 동물도 이성이 결핍되었다는 점에서 마찬가지다.

　물론 자연사의 발전과 이후 생물학이라는 독립적 영역의 출현으로, 아리스토텔레스의 틀은 뒤처지게 되었다. 그렇지만 현대 생명과학이 생물 영역을 가장 작은 분자 단위까지 분석했음에도, 아리스토텔레스의 "생의 원리" 개념은 여전히 논쟁적인 영역이다.[32] 특히 《영혼에 관하여》에서 풀리지 않은 한 가지 쟁점은, 개개 생물 모두에게 공통적인 생명이라는 프시케 개념 자체와 연관이 있다. 생물의 여러 영역을 넘나드는 하나의 일의적一義的 프시케가 있는가? 그래서 사실상 프시케는 그 관념적 중심으로부터 수많은 개체적 생의 형태로 유출되는 것인가? 아니면 각 개체마다 고유한 프시케가 있고, 이를 통해 그 프시케의 고유성 유형이 구성되는가?

　12세기에 아리스토텔레스의 '생물학' 저술들이 아랍어 번역을 통해 다시 등장하기 전에도, 이미 생명을 신성을 가리키는 명칭으로 에둘러 사유하려는 시도가 있었다. 생물 영역을 상징하는 피조물은 항상 하나의 증후이다. 어떤 결과이자 산물인 것이다. 보나벤투라*라면 신성의 **발자국**vestigium이라고 말할 것이다. 생물의 세계는 위대한 **피조물의 책**liber creaturae이 현현한 것이다. 생명은 신성 자체는 아니지만, 바로 신성의 증후다.

---

* Bonaventure(1221~1274). 이탈리아의 추기경이자 스콜라 철학자이다.

하지만 피조물에 대한 다양한 견해를 종합하고, 피조물 개념이 조물주와 피조물, 초자연적인 것과 자연적인 것, 빛과 진흙의 관계를 중심으로 돌아간다고 강조한 이는 바로 아퀴나스다. 아리스토텔레스주의와 기독교 교리의 융합을 시도하면서, 아퀴나스는 '피조물에 대한 세 가지 접근 방식'이라고 할 만한 것을 간결하게 요약한다. 피조물과 조물주 사이의 관계, 생물과 그 생물이 살아 있도록 하는 신성한 생명 사이의 관계는 무엇인가? 아퀴나스는 우선 두 가지 접근 방식의 이분법을 설정한다. 그것은 다의성equivocity 접근 방식과 일의성univocity 접근 방식이다. 첫 번째 다의성에 따르면, 피조물과 조물주 사이에는 아무런 관계가 없고, 신성은 사유 가능성을 영영 넘어선다. 두 번째 일의성에 따르면, 피조물과 조물주 사이에는 연속성의 관계가 있다. 극단적 경우에는 조물주가 피조물과 공존한다고 말하기도 한다. 아퀴나스의 입장에서는 각 접근 방식의 문제가 한눈에 드러난다. 다의성은 신성을 사유하거나 경험할 가능성을 모조리 배제한다. 반면 신성을 사실상 자연과 평준화시키는 일의성은 이런 가능성을 너무 쉽게 만든다. 잘 알려진 바와 같이, 아퀴나스가 제시한 해결책은 유비이다. 무관계(다의성)와 순전한 관계(일의성)의 사이에는, 부분적 관계 혹은 유비가 있다. 따라서 피조물은 조물주에 대해 유비적이며, 양자의 차이는 완성도("비례"와 "비례성")로 표현된다. 피조물은 신성 이하의 생이고, 조물주는 생물 이상의 생이다.

그렇다면 아퀴나스로서는 생물이 생명에 유비적으로 관련된다고 말할 수도 있는가? '생'과 생의 원리에 관한 아리스토텔레스의 질문은 생명 자체에 대해서는 물을 수 없다. 그의 질문은 오직 생물에 관해서만, 생물 '너머'의 어떤 것이나 생물을 형성하는 어떤 것에 관해서만 물을 수 있다. 하지만 그렇다면 일반적으로는 '생'을 일종의 부정적 개념으로 여겨야 할 것이다. 즉 이런 물음을 던지는 동시에, 이 개념은 배경으로 물러나는 것이다.

이 부정적 생 개념은 존재론에서 두 축을 따라 다루어진다. 첫 번째는 존재론적 차이에 입각한 것이다. 이는 앞서 언급한 '생명'과 '생물'의 차이를 상정한다. 《영혼에 관하여》는 프시케를 보편적인 생의 원리로 상정하지만, 동시에 그것을 식물, 동물, 인간의 생에서 나타나는 특수한 생물의 사례들로부터 구별한다. 모든 것은 생명과 생물의 관계에 달려 있다. 스콜라 철학 전성기에 일신교부터 범신교까지, 정통부터 이단까지 모두 논했던 창조의 연속체는, 생명에 관한 물음이 신성의 본질에 관한 물음과 그리 멀지 않다는 것을 실증한다. 이러한 의미에서 《영혼에 관하여》은 《동물부분론De Partibus Animalium》과 《동물지Historia Animalium》 같은 저술보다 존재론적으로 우선한다.

두 번째 축에는 생의 비개념non-concept이 정렬되어 있다. 여기에서는 '생의 원리'와 여기 상응하는 '절합 경계들boundaries of articulation' 간의 차이(본질과 실존, 실체와 우유성accident 간의 차이)에 기초한다. 생의 원리는 상당히 광범위할 수 있다. 즉 프시케부터 신학적 영혼, 현대적 기계론이나 '생기적 영혼', 그리고 분자, 유전자, 정보에 대한 현대적 개념까지 포함한다. 그러나 그것은 항상 한 가지 이상의 경계 관계를 가능하게 한다. 이런 경계가 생물 영역에 적용되면, 생의 원리를 본질로 다시 인정하게 된다. 이런 경계는 다른 무엇보다도 생물과 무생물의 경계를 포함한다. 2차적 경계에는 유기물과 무기물, 인간과 동물의 구분이 있다.

7. 멸종과 존재

개체적 생은 죽을 수 있다. 하지만 일반적 '생'은 어떠한가? 재난은 이런 질문을 제기한다. 자연재해든 인재든 특정 재난이 모든 생을 멸종시키지는 못하겠지만, 재난은 항상 멸종이라는 험악한 생각을 내포하기 때문이다. 모리스 블랑쇼[*]는 "재난은 모든 것을 그대로 두면서, 모든 것을 파멸시킨다"라고 썼다.[33] 우리 시대는 자연재해, 기후변화, 세계적 유행병, 그리고 현재진행형인 생물테러라는 유령의 시대이다. 이 시대에 우리는 인류의 실제적·가설적·사변적 멸종을 끊임없이 생각하도록 이끌린다. 가장 분명한 사례는 대중문화에서 재난영화의 부활이다. 하지만 예전의 재난영화가 명확한 멸종 원인(가령 핵전쟁, 외계인 침공, 미치광이 과학자)을 상상했다면, 최근의 재난영화에서 멸종은 뚜렷한 원인이나 의미도 없이 벌어진다. 〈인디펜던스 데이Independence Day〉(1996)에서는 멸종 위협이 외부로부터 외계인 침공의 형태로 오는데, 이는 H. G. 웰스[†]와 그 이

---

[*] Maurice Blanchot(1907~2003). 프랑스의 소설가이자 평론가로, 철저한 반사실주의적 소설을 집필했다.

[†] Herbert George Wells(1866~1946). 과학소설로 유명한 영국의 소설가이자 문명비평가로, 《우주 전쟁》[이영욱 옮김, 황금가지, 2005], 《타임머신》[김석희 옮김, 열린책들, 2011] 등의 작품이 있다.

전까지 거슬러 올라가는 모티프다. 그러나 〈투모로우The Day After Tomorrow〉(2004)에 이르면, 멸종 위협은 내부로부터 온다는 암시가 등장한다. 바로 인간이 환경을 혹사한 결과이다. 멸종은 전쟁이나 외부의 위협보다는 인재로 일어난다. 1970년대에 어윈 앨런*이 제작한 영화들에서도 이런 모티프를 찾아볼 수 있다. 그다음 단계는 〈2012〉(2009)이다. 여기에는 인간적인 인과관계조차 없다. 영화에서 묘사되는 재앙적 결과는 그냥 벌어지는 듯 보인다. 이를 다루는 장면은 공포와 경이의 혼합이라는 칸트적 의미의 숭고sublime를 보여주는 교과서적 예시이다. 멸종은 신비적이고 종말론적인 분위기로 시작한다. 여기에서 멸종이 의미를 가질 가능성을 암시하는 것은 막연한 고대 예언밖에 없다.

한편으로 이러한 '멸종영화'의 사례들을 지배하는 것은 생물학적 주제이다. 문제는 종의 생존이며, 종의 생뿐만 아니라 종의 존재 자체도 위협받는다. 다른 한편으로 이런 영화들은 또한 암묵적이든 명시적이든 종말론적 주제(세계의 종말, 구세주, 망자의 부활)를 언급한다. 이러한 생물학과 신학이라는 두 가지 관점은 흔히 하나로 겹쳐진다. 예를 들어 돌림병이라는 주제는 (종의 생존에 관련된) 생물학적 모티프이지만, 동시에 (재앙을 신의 징벌로 여기는) 신학적 모티프이기도 하다. 이러한 사례에서는 생식력 있는 세균성 생

---

* Irwin Allen(1916~1991). 미국의 영화감독이자 제작자로, 〈포세이돈 어드벤처The Poseidon Adventure〉(1972), 〈타워링The Towering Inferno〉(1974) 등을 비롯한 재난을 다루는 여러 영화와 텔레비전 영화를 제작하여 '재난의 제왕'이라고 불렸다.

의 과잉(역병 바이러스의 비인간적 생)이 희소하고 유한한 다른 생
(종의 보전)에 들이닥친다. 한 유형의 '생'이 다른 유형의 '생'에 들
이닥치는 것이다. 이런 방식으로 생물학적 모티프는 재빠르게 신학
적 모티프에 포개진다. 앞으로 살펴보겠지만, 여기서 생 개념의 한
가운데 어떤 역설이 있다는 걸 알게 된다.

　조르주 퀴비에*와 뷔퐁† 같은 박물학자나 동물학자의 연구에
서는, 멸종의 과학적 개념을 그것의 신학적이거나 종말론적인 변
형과 구별한다. 존재의 대사슬‡이라는 종교적 틀에서 벗어나 생명
연구의 과학적 틀을 찾으려는 시도에서, 화석 연구는 생물의 출현
과 소멸을 조사하는 핵심 장소가 되었다. 특히 퀴비에는 "격변설
Catastrophism"을 주창했는데, 이는 돌연한 대재앙적 사건이 주기적
으로 지구를 덮쳐서 지구의 지질학적 구성뿐만 아니라 지구에 사
는 유기체까지도 급격히 변이시킨다는 이론이다. 18세기 말과 19
세기 초에 퀴비에가 발표한 다수의 고고학 연구는 멸종을 과학적
사실로 정립했다. 이는 여러 권으로 이루어진 《네발짐승의 화석 뼈
연구Recherches sur les Ossemens Fossiles de Quadrupèdes》[34]에서 절정에
이르렀다. 퀴비에는 여러 국가에서 일어난 혁명의 배경에 또 다른
유형의 혁명, 즉 행성 자체에서 일어난 혁명이 있다고 도발적으로

---

* Georges Cuvier(1769~1832). 프랑스의 동물학자로, 비교해부학과 고생물학의
　창시자이다.
† Comte de Buffon(1707~1788). 프랑스의 박물학자이자 철학자이다.
‡ Great Chain of Being. 하느님이 공표한 모든 물질 및 생명의 종교적 위계를 말
　한다.

말한다. "모든 연구가 지향하는 결정적 시기인 지구 상고사는 그 자체가 계몽된 지성을 사로잡은 가장 기묘한 대상 중 하나이기도 하다. 만일 우리 인간 종의 유아기에 있던 그토록 많은 멸종된 국가의 거의 보이지 않는 흔적을 쫓을 수 있다면, 그곳에서 모든 국가의 존재보다 앞서는 혁명들의 흔적이 지구의 유아기 그늘에 모여 있는 것을 발견할 것이다."[35]

그러나 멸종은 이상한 관념이다. 특정한 생의 부정뿐만 아니라, 생물(종)의 전체 범주의 부정도 의미하기 때문이다. 멸종이 함축하는 죽음은 특수한 유형의 죽음이다. 개인은 죽는다고 해도, 그들이 멸종되지는 않는다. 이에 비해 이러저러한 종은 멸종 위협을 받거나 멸종 위험에 처한다. 멸종은 또한 생의 형태의 출현과 소멸에 관련하여 하나의 존재론을 상정한다. 이 존재론은 유기체의 생과 종의 생 사이의 구분에 입각한다. 개별 유기체의 생은 생물학적 생으로서, 삶과 죽음, 성장과 쇠퇴 등등의 이분법 안에 등록된다. 이에 비해 종의 생은 어떤 범주의 존재 안에, 그리고 존재와 비존재의 이분법 안에 등록된다. 유기체는 살고 죽지만, 종은 존재하거나 존재하지 않는다.

그러나 의문들이 즉시 생겨난다. 종 없이 유기체가 있을 수 있을까? 유기체 없이 종이 있을 수 있을까? 비록 유기체 개념은 이에 선행하는 종 개념을 상정하지만, (하나의 유기체가 죽는다고 종이 멸종하지 않으므로) 어떤 의미에서는 유기체의 생은 종의 존재와 같지 않다. (초자연적 공포를 제외하면) 종의 범주는 유기체의 현실적 가능성을 상정하지만, 그것을 증명할 실제로 살아 있는 유기체가 없더라도 이 범주는 지속할 수도 있다. 그렇다면 멸종이란 무엇인가? 범주적 종의 비존재가 실제로 살아 있는 유기체의 삶이나 죽음과 불가분하게 묶여 있을 때, 멸종을 단지 이런 범주적 종의 비존재라고 이해할 수 있을까? 아니면 '멸종'은 단지 유기체나 종이 아니라, 둘 사이의 어떤 특수한 관계인가?

이런 물음에서 다른 물음이 가지를 친다. 누가 멸종을 목격하는가? 모든 인간이 멸종한 경우, 누가 이런 멸종을, 멸종이라는 바로 그 사유를 증언할 것인가? 이런 의미에서 멸종은 절대로 합당하게 사유할 수 없다. 멸종의 가능성 자체가 모든 사유의 절대적 부정을 전제하기 때문이다. 칸트는 〈만물의 종말Das Ende aller Dinge〉이라는 풍자적 단편 논문에서 이런 역설에 주목한다. "미래 세계에서의 우리의 운명에 관해 알려줄 수 있는 것은 이제 우리 자신의 양심의 판단뿐이다. 다시 말해 우리가 알고 있는 우리의 현재 도덕적 상태가, 우리로 하여금 그것에 관해 이성적으로 판단하게 한다."[36] 종말 이후 세계의 상태에 관한 어떠한 가정도 사변일 뿐이다. 따라서 칸트에게는 만물의 종말에 관한 어떤 추측도, 단지 인간 중심적 세계로서의, 즉 우리에-대한-세계로서의 세계에 관련된 우리의 도덕적 가정이나 선입견에 근거할 수밖에 없다. 이제 남은 것은 "우리가 발견한 우리 생애 동안 우리를 주재하는 저 원리들" 밖에 없다. 이 원리들은 필연적으로 후생에 관한 모든 사변을 규정할 것이다. "이 원리들이 미래에 변할 것이라고 가정할 근거는 전혀 없다."[37] **멸종은 항상 사변적이다.** 레이 브래시어Ray Brassier는 이런 관점에서 칸트를 요약한다. "멸종은 실재하지만 경험적이지 않다. 멸종은 경험의 질서에 속하지 않기 때문이다."[38]

그러나 만약 멸종이 멸종의 사유를 함축하고, 인간 멸종의 경우에 멸종의 사유가 인간의 존재 및 긍정을 함축한다면, 멸종에는 또한 어떤 이면이 있는 것처럼 보이게 된다. 이 이면에서 멸종은 (멸종의 사유를 포함한) 모든 사유의 비존재를 함축하며, 따라서 인간을 긍정하지 않고, 인간에 대한 부정이나 몰인간을 긍정한다. 이렇게 되면 충족이유율조차 이해할 수 없게 되어, 우리는 그런 세계의 이유조차 추정할 수 없는 난감한 상황에 놓인다. 이로 인해 칸트는 조금 냉소적으로 묻는다. "도대체 왜 인간은 세계의 종말을 기대하는가? 또 그들이 보기에 종말이 온다 치더라도, 왜 꼭 끔찍한 종말이어야 하는가?"[39]

따라서 진정한 문제는 세계가 종말을 맞을 것인가 아닌가가 아니라, 도대체 어떻게 이러한 사유의 지평을 사유할 것인가이다. 분명 과학사에서 멸종은 동물학, 고고학, 고생물학에 의지하여, 멸종의 사유가 지닌 이러한 역설을 호도한다. 여기서 생물학적 개념으로서의 멸종은 유기체의 죽음과는 다르다. 그렇지만 하이데거 같은 철학자들도 (하이데거가 "사멸perishing"이라고 부른) 이런 유기체의 죽음을 사망Death과 엄격히 구별한다.* 사망은 일시적으로 세계-내-존재being-in-the-world(현존재Dasein)인 존재자의 존재Being of beings에 관련된다. 이런 의미에서 사망은 (그 종이 온전하게 존재

---

* 하이데거는 동물의 죽음을 'Verenden(perishment)', 사람의 죽음을 'Sterben (Death)'으로 구별한다. 여기서는 각각 '사멸'과 '사망'으로 옮긴다.

하는 한) 단지 한 개별적 존재의 사멸이 아니라, 이 현존재의 정점, 조건, 그리고 궁극적으로 부정이다.

멸종이 첫 번째 종류의 죽음(사멸로서의 죽음)과 연관된다면, 두 번째 종류의 죽음(현존재의 충족으로서 사망)과는 어떤 관계가 있는가? 종 X가 과학적 의미에서 하나의 범주로 남아 있을지라도, 종의 일원인 모든 현존하는 생물은 사멸로서의 죽음을 맞이할 수 있다. 이것이 상대적 멸종이다. 하지만 절대적 멸종도 있는데, 이는 상대적 멸종과 종 X의 비존재를 한데 묶은 것이다. 이것은 잊힌 종, 알려지지 않은 종, 심지어 상상의 종과 유사하다. 공포 장르의 예시에 의존하여, 이로부터 온전한 '멸종 연구법'을 개설할 수 있다. 여기에는 종이 없는 생물(예를 들어 명명할 수 없는 것), 현존하는 생물이 없는 종(예를 들어 미확인 동물, 상상의 생물), 또는 생물로부터 종을 빼낸 것(예를 들어 원소적이고 비유기적인 생)이 포함된다.

하지만 만약 절대적 멸종이 멸종의 사유가 있을 수 없음을 함축한다면, 이 사유에는 본질적으로 단 하나의 길만 열려 있는 셈이다. 즉 멸종은 **사변적 적멸**寂滅, annihilation로서만 존재한다고 할 수 있다. 이것과 대립하는 발상은 멸종이 (현실적이거나 가상적인) 사건을 묘사하거나, 대규모 사멸로서의 죽음에 대한 경험(또는 경험의 불가능성)이거나, 측량할 수 있는 과학적 자료라는 것이다.

멸종은 공허, 혹은 어쩌면 생물학적 공허이다. 그것은 생물학적 생(유기체의 죽음)도, 집합의 존재(종의 존속)도 아닌 생의 형태이다. 생의 죽음이 텅 빔 또는 텅 빈 집합으로 이어지기에, 멸종에서 집합은 생과 관련을 맺는다. 멸종은 생물학의 공집합이다.

그렇다면 멸종은 하나의 종의 생으로 이해되는 생의 비존재에 더 가까워 보인다. 멸종은 개별화된 생물의 죽음을 함축하지만, 그 1차적 의미는 생의 전체 범주, 즉 생의 집합이 그렇게 존재하기를 그친다는 것이다. 그러나 우리는 되돌아간다. 종 자체는 존재하기를 그치더라도, 그 멸종한 종의 개념은 물론 (예컨대 자연사 박물관에서) 여전히 존재할 수 있기 때문이다. 그렇다면 멸종은 오로지 전체로서의 종의 '생'에 대해 어떤 진술(예컨대 종의 수적 증가, 영토 확장, 분화, 진화적 적응)을 하는 정도까지만, '생'을 함축할 수 있다. 그러나 그 종의 생은 여전히 개별 유기체의 생과 꽤 다르다. 후자는 기껏해야 전자에 대한 유비를 제공할 뿐인 것 같다. 멸종은 **죽음이 아닌 생의 비존재**이다.

8. 비존재로서의 생

존재론의 견지에서 생을 사유하려는 많은 시도에서 놀라운 점은, '생'이 항상 물러나는 지평이 된다는 것이다. 만약 아리스토텔레스의 생명과 생물 사이의 구분이 서양에서 생의 철학을 구조화했음을 인정한다면, 생명은 항상 생물 뒤로 물러나는 듯 보일 것이다. 이것은 자연철학의 한계다. 우리는 이 한계를 넘어 자연신학이나, 칸트가 존재신학이라 부르는 "모든 존재자의 존재being-of-all-beings"에 관한 지식 체계에 의지해야 한다.

그러나 아리스토텔레스적 자연철학 전통에서, 생명은 단지 생물의 모든 사례의 부재하는 중심이 아니다. 생명과 생물의 관계는 비록 생명이 개념적으로 생물을 보장하지만, 생명 자체는 결코 사유될 수 없다는 것이다. 그러나 그렇다고 해서 생명이 결성적이기 때문에 부정적인 개념이라는 의미는 아니다. 왜냐하면 생명이 "이것임"*을 결여한다는 건 곧 생물의 특수한 사례를 초과하는 것이기 때문이다. 생명이 부정적 가치[값]를 지닌다면, 그것은 생명이 지닌 최상의 본성 때문이다. 즉 생명은 생물의 모든 사례를 초과하기 때문이다. 생에 대한 비평은 무엇이든 생명이 지닌 이 최상의 본성을 전제로 시작해야 할 것이다. 생명은 '무無'이다. 왜냐하면 절대로 어떤 것이 아니기 때문에, 또는 항상 하나의 어떤 것 이상이기 때문이다.

이런 의미에서 생에 대한 철학적 사유는 신비주의 신학 전통으로부터, 특히 부정신학 전통으로부터 많은 것을 차용한다. 안셀무스†가 저 유명한 존재론적 신 증명(신은 "그보다 큰 것을 생각할 수 없는 것"이다)을 제시하기 이전에, 9세기 아일랜드 철학자 요하네스 스코투스 에리우게나‡는 "무nihil"로서의 신성에 관한 가장 정교한 이론을 내놓았다. 에리우게나의 《자연의 구분에 대하여 Periphyseon》(약 866~867년)는 디오니시우스 아레오파기타의 부정적 접근§에 많은 영향을 받았다. 그러나 《자연의 구분에 대하여》는

---

* thisness. 서양 중세철학에서 유래한 '이것임 thisness, haecceity'은 개체가 지닌 '바로 이 특정 개체임'이라는 원초적 속성을 뜻한다.
† Anselm(1033~1109). 이탈리아 태생의 영국 국교회 신학자이자 스콜라 철학자이다.
‡ John Scottus Eriugena(810?-877?). 아일랜드 출신의 학자로서, 스콜라 철학의 시조로 여겨진다.
§ apophatic approach. 신학에서 신에 대한 제한적이고 불완전한 규정을 부정해나가면서 신의 본질을 이해하려는 접근법이다.

디오니시우스의 신비주의적인 글에는 없는 엄밀한 변증을 구사한다. 에리우게나는 3권에서 "신의 어둠"이라는 관념을 제시한다. 이 관념에 따르면 신은 바로 최상의 본성 때문에 무이다. "이해되고 감각되는 모든 것은 드러나지 않은 것의 드러남, 숨은 것의 현시, 부정되던 것의 긍정, 이해할 수 없는 것의 이해일 뿐이다."[40]

　　우리는 어느 정도까지 생명을 이런 의미의 무라고 말할 수 있을까? 일단 '생명'과 '생물'의 존재론적 차이가 무너지면, 생은 자신에 대한 어떠한 긍정의 가능성도 배제한다. 남은 것은 일종의 부정 신학, 더 나은 표현으로는 부정적 신-동물학negative theo-zoology이며, 여기에서 생은 항상 생의 부정과 어떤 관계를 맺는다. 그러므로 후생은 생과 사의 이분법이 아니라, 보다 근본적인 생명과 존재의 관계와 연관된 문제다.

　　한 가지 문제는 '생명' 개념이 일단 '생물'로부터 분리되면 어떤 일이 일어나는가이다. 이것은 《영혼에 관하여》에 함축된 문제이다. 이 책에서 프시케 개념은 때로는 생의 원리이고, 때로는 존재 자체를 대리하기도 하는 것이다. 현대적 맥락에서는 과정철학(베르그송,* 화이트헤드†)과 과정신학(샤르댕,‡ 슈타이너)이 이와 비슷하

---

* Henri Bergson(1859~1941). 프랑스의 철학자로, 생명의 창조적 진화를 주장하는 학설로 철학, 문학, 예술 영역에 큰 영향을 주었다.
† Alfred North Whitehead(1861~1947). 영국의 철학자이자 수학자로서, 과정철학을 주창했다.
‡ Teilhard de Chardin(1881~1955). 프랑스 관념주의 철학자이자 가톨릭 신부이다.

게 '생명'이 존재와 호환되는 영역에 도달한다. 여기에서는 생명을 과정이나 생성 혹은 흐름이라고 부르기는 하지만 말이다.

그렇지만 많은 이가 이 모든 것을 가짜 문제로 본다. 《존재와 시간》의 첫 부분에 이에 대한 아마도 가장 명징한 진술이 나온다. 여기서 하이데거는 인간학, 심리학, 생물학 분야가 인간, 정신, 유기체에 대한 탐구를 시작하려면, 존재를 상정해야 한다고 설득력 있게 논평한다. 하이데거에 따르면 이들 각각의 분야는 어떤 식으로든 생명을 다루지만, 어느 분야도 존재론적 질문으로서의 생명에 대한 질문을 제기할 수 없다.

> 어떤 진지하고 과학적으로 생각하는 '생의 철학'(이 표현은 '식물의 식물학' 같은 것이다)에는 현존재의 존재를 이해하려는 암묵적 경향이 있다. 그 철학에서 우선 놀라운 점은 존재의 일종으로서의 '생' 자체를 존재론적으로 문제 삼지 않는다는 것이다(그리고 이는 근본적인 결핍이다).[41]

이처럼 "존재론적 토대의 결핍" 자체가 이런 분야들의 기반이다. 생명이 **있다**[사실]에 대한 물음은 생명이 **무엇인가**[본질]에 대한 물음으로, 더 정확히 말하자면 생물의 영역이란 무엇인가라는 물음으로 대체된다. 인간학적 인간 범주, 심리학적 정신 범주, 일반 생물학의 유기체는 모두 생명의 존재를 상정한다. 그러나 하이데거는 생명이 존재의 한 종인지, 아니면 생명의 존재론이 실제로 생명을 존재로 변형시키는지에 관한 문제에서 멈춘다. 이 주제에 대한 그의 마지막 말은 시사적이면서도 불명료하다. "생명은 그 나름의 존재가 있지만, 본질적으로 현존재에서만 접근할 수 있다."[42]

여기 진입하는 지점 중 하나는 비생명non-Life(사망이 아닌 비생명)에 대해, 나아가 비존재non-Being(무가 아닌 비존재)에 대해 사유하는 것이다. 달리 표현하자면, 생명과 존재의 관계를 부정에 의해 매개되는 것으로서 사고하는 도전일 것이다. 이는 틀림없이 오래된 문제이다. 소크라테스 이전 철학자들이 개념적으로 온전한 일자와 다자 개념을 확보하고자 제기했던 문제인 것이다. 그 근본에는 비존재 개념의 문제(실은 그 개념의 심오한 양의성)가 있다. 에마뉘엘 레비나스*도 에리우게나와 그리 다르지 않은 표현으로 말한다.

> 밤이 되어 사물의 형태가 사라지면, 대상도 아니고 대상의 질도 아닌 밤의 어둠이 현전처럼 엄습한다. 우리가 내맡겨지는 밤이 되면, 우리는 아무것도 처리할 수 없다. 하지만 이 무는 순수한 공허의 무가 아니다. 더는 이것이나 저것도 없고, '어떤 것'도 없다. 그러나 이러한 보편적인 부재는 결국 하나의 현전이다. 어떤 절대적으로 불가피한 현전이다. (…) 어떤 비인격적 형태가 있다. 비가 오듯이, 아니면 날이 따뜻하듯이.[43]

---

* Emmanuel Levinas(1906~1995). 리투아니아 출신의 프랑스 철학자로서, 전통적인 존재론을 비판하면서 타자에 대한 윤리적 책임을 강조했다.

따라서 비존재의 문제는 한낱 공허나 공백이 주는 공포의 문제가 아니다. 오히려 사물성이 의문시되는 어떤 것에 대한 몹시 고딕적인 공포이다. "이 비인격적이고 익명적이며 무차별하기까지 한 존재의 '완결'. 이것은 공허 자체의 심연에서 나지막이 속삭인다. 우리는 이것을 거기 있음there is이라는 말로 가리켜야 할 것이다. (…) '거기 있음'의 바스락거리는 소리는… 공포이다."[44] 이런 유형의 공포(실은 일종의 개념적 공포)의 정점은 모든 정신학적 내면을 적출하는 것이다. "공포는 주체의 주체성, 주체의 실체로서의 특수성을 뒤집어 놓는다."[45]

생명의 '거기 있음'이란 무엇인가? 생명 개념이 이미 '거기 있음'인가? 따라서 생명 개념은 이미 절대적 타자성과 익명성이라는 고딕적 공포에 싸여 있는가? '생물'과 대조되는 '생명'이 항상 익명의 '거기 있음' 속으로 물러난다면, 이것은 생명이 실은 존재-없는-생명Life-without-Being이라는 의미인가?

9. 익명적 공포

생명의 비존재에 관해 묻는 데는 어떤 부조리가 있음은 인정해야 한다. 하지만 존재하지 않는 생물[괴물]에 관해 물어볼 수도 있다. 물론 이 질문은 바로 초자연적 공포의 영역에서 제기된다. 공포영화는 '거기 있음'의 공포를 보여주는 예시로 충만하다. 그런 영화의 제목에는 〈존재The Being〉, 〈피조물The Creature〉, 〈실체The Entity〉, 〈그것은 살아 있다It's Alive!〉, 〈그것이 다시 살아나다It Lives Again〉, 〈몬스터 제로Monster Zero〉, 〈그 물질The Stuff〉, 〈그들Them!〉, 〈그것

The Thing)[*] 등이 있다. 이런 영화들은 괴물이 등장하는 고전 영화들(〈드라큘라Dracula〉, 〈프랑켄슈타인Frankenstein〉, 〈울프 맨〉, 〈미이라 The Mummy〉)과는 분명히 다른 방식으로 괴물을 상상한다. 이 영화들에서 무서운 지점은 단지 물리적으로 위협하는 괴물이 등장한다는 점이 아니다. 그런 괴물이라면 적어도 이름 붙일 수 있고(드라큘라, 프랑켄슈타인이 만든 괴물, 늑대인간), 따라서 도덕률이나 종교적 계율의 범위에 포함되기 때문이다. 이는 그런 괴물이 섬멸될 수 있다는 뜻이기도 하다. 그런데 이름을 붙일 수 없거나, 이름을 붙일 수 없다unnamability는 특징 자체를 담은 이름이 붙은 생물은 어떻게 되는가? 이름 붙일 수 없는 생물은 사유할 수도 없는 생물이다. 이는 베케트[†]의 《이름 붙일 수 없는 자L'innomable》의 B급 공포 버전일 것이다. 어떤 경우에 이름 붙일 수 없는 생물은 형태가 없다. 이는 맹렬하고 전도된 질료형상론의 침입이다. 〈블롭〉과 〈칼티키: 불멸의 몬스터〉처럼 냉전적 영화들에서, 이런 생물은 천천히 흐르고 비천하며 경계 없는 상태로 존재한다. 다른 경우에 이름 붙일 수 없는 생물은 물질이 없이 순수한 (악마적) 영혼으로 존재한다. 이는 전도된 신의 현현이다. 〈얼굴 없는 악마Fiend Without A Face〉에서 인

간은 비물질적이고 뇌간 같은 실체에 둘러싸이는데, 이것은 텔레파시를 감염의 일종이라고 암시한다.[46]

이런 영화들은 괴물을 만들어내는 표준을 바꿈으로써, 고전적 괴수영화를 교묘하게 전복시킨다. 괴수영화는 괴물을 자연의 일탈(그리고 혐오스러운 것)로 정의하지만, 이름 붙일 수 없는 생물은 사유의 일탈이다. 고전적 괴수영화에서는 여러 범주(식물, 동물, 인간)가 불순하게 혼합되거나 크기가 다르지만(거대한 파충류, 개미, 거머리 등등), 여전히 낯익은 요소가 유지된다. 이와 대조적으로 이름 붙일 수 없는 생물이 등장하는 영화는, 괴물을 존재론(질료 없는 형상, 형상 없는 질료)이나 존재신학(영적 비체非體,* 천천히 흐르는 추상)의 맥락에서 그린다. 이런 영화들은 개념적 일탈을 강조하는 후생의 생의 형태를 가리킨다.

이제 잠시 멈춰서, 이 개념적 공포를 다루는 우리의 명제들을 모아보자. 혹은 우리가 '기형학적 정신 영역'이라 부를 수 있는 것에 대한 시적 파격을 허용해보자.

생의 존재론에 대한 물음은 전통적으로 생명과 생물 사이의, 또는 '생물을 살아 있게 하는 것'과 '살아 있는 것' 사이의 근본적 구별에 근거를 둔다.

---

* abject. 포스트모더니즘과 페미니즘에서 주로 사용하는 '비체'는 주체subject도 객체object도 될 수 없는 존재, 아예 존재 자체가 지워진 존재를 가리킨다. 콧물이나 침과 같은 분비물처럼 주체의 몸속에 있지만, 주체의 순수성이나 정체성을 교란하고 오염시키므로 적절히 관리하거나 주체의 몸 밖으로 방출해야 한다.

이 구별은 두 축을 따라 전개되는데, 하나는 생물의 모든 현시를 구조화하는 데 필요한 '생의 원리'이고, 다른 하나는 생물이 다양한 '절합 경계'에 의거해 차례차례 정리되는 축이다.

스콜라 철학의 맥락에서, 생의 존재론은 생물에 관한 자연철학과 신성한 자연에 관한 존재신학 사이를 끊임없이 오간다.

생 개념의 구조는 부정신학의 구조이다.

이런 명제는 모두 개념으로서의 '생명' 그 자체가 사유되는 기본 방식을 구축한다. 이에 더해서 또 다른 명제를 제시할 수 있다. 즉 전통적으로 생명은 존재의 부정으로 정식화된다. 생명은 비존재와 어떤 최소한의 관계를 맺는다. 하지만 여기에는 여러 형태가 있다. 생명의 비존재는 인간이라는 등급보다 '위'일 수도 '아래'일 수도 있다. 한편으로 아퀴나스의 "영적 피조물"의 계층들 혹은 아리스토텔레스의 피조물의 생의 계층들이 있고, 다른 한편으로 악마적 다중의 계층들 혹은 인간 이하subhuman인 돌림병과 역병의 계층들이 있다. 이 탈의인화적이고 심지어 인간 혐오적인 생명의 특질은 어떤 접근 불가능성을 통해 지속한다. 생물의 조건인 생명은 그 자명한 특징을 확고히 할 수 있지만, 또한 예지적 특성도 나타낸다. 자연계가 합목적적이라는 칸트의 진술에는 단서가 필요할 것이다. 생명이 합목적적인 이유는 예지적이기 때문이다. 하지만 이는 또한 생명의 목적이 익명적이라는 의미이기도 하다.

생의 존재론의 가능성에 대한 모든 물음은, 반드시 '생'을 비개념적 생 자체의 생물학과 초월·유출·내재성의 존재신학이 교차하는 특수한 지점으로 간주해야 한다. 문제는 생명이 네트워크 과학, 군집 지능, 생명 복잡성 같은 과학 분야에서 계속 어떤 개념적 기능을 하는데도 불구하고, 집요하게 비개념적인 것으로 남는다는 사실이다. 생명이 자신의 근거를 사유할 수 없다는 것은 논점이 아니다. 논점은 개념으로서의 생명이 언제나 나아가 존재에 관한 물음을 상정해야 한다는 것이다. '생명이란 무엇인가?'라는 악명 높은 질문은 항상 '존재란 무엇인가?'라는 질문에 가려지는 듯하다. 그럼에도 불구하고 존재-없는-생명이라는 그 관념이야말로 철학에서는 부조리해 보일 수 있다… 하지만 지금까지 지켜봐 왔듯, 공포에서는 부조리하지 않다.

"검은 촉수형 진공의 저조파 속삭임"

머리말

이어지는 내용은 어떤 근본적 물음에 대한 긴 해설이다. **오늘날 몰인간의 신비주의, 즉 기후학적·기상학적·지질학적 세계-자체에 초점을 맞추며, 더욱이 종교나 과학에 의지하지 않는 몰인간의 신비주의가 존재할 수 있는가?** 그러나 신중해야 한다. 이는 지구의 신비주의나 자연의 신비주의를 의미하지 않는다. 인간 주체나 '인류' 일반의 신비주의를 의미하지도 않으며, 하물며 '생'처럼 괴상하고 막연한 무언가의 신비주의를 의미하는 것은 더더욱 아니다. 그럼에도 불구하고 신비주의라고 불리는 어렴풋한 무엇이 여전히 존재한다는 제언은 일견 터무니없고 심지어 순진한 가정처럼 보일 수도 있다. 오늘날 신비주의는 확실히 사유 방식으로나 일단의 사색적 실천으로는 더 이상 의미가 없다. 세계화되고 하나로 수렴된 우리의 문화에서는 응용과학적 사유가 우세하기 때문만은 아니다. 어떤 경험이 정당한 신비주의적 경험인지 아닌지를 구분하는 일을, 정통적이고 종교적인 극단주의의 패권이 좌우하고 있기 때문이기도 하다.

이어지는 내용은 어떤 시와 그에 대한 해설이다. 블로그, 포럼, 심지어 다수의 학술지에서도 회자되는 이 시는 작자 미상이다.[1]

원래는 조각조각 나뉘어서 유포되었기 때문에 전체 길이도 알 수 없다. 꽤 바로크풍인 제목 〈검은 촉수형 진공의 저조파 속삭임The Subharmonic Murmur of Black Tentacular Voids〉은 시의 본문에 등장하지 않는다. 게다가 이 시가 요즘 지어졌는지, 아니면 오래된 시를 요즘 번역했는지도 불분명하다(대부분 전자라는 의견이지만). 이렇게 모든 것이 불확실한데도 불구하고, 불특정한 상황에서 이 시의 일부 시구를 읊은 사람들에게는 신진대사나 얼굴 생김새에 확인 가능한 풍수적風水的 징후가 나타난다고 한다(적어도 그런 주장이 있다). 한 블로거가 쓴 "사유의 본성에서의 풍수적 변화"라는 표현의 다소 멜로드라마적인 이미지를 감안하면, 요즘 이 시를 둘러싼 풍문은 눈길을 끈다. 이런 풍문이 기후학, 지정학, 그리고 몰인간 사이의 관계를 은연중에 탐색하는 방식은 주목할 만하다. 이어지는 해설은 이런 취지에서 썼다.

스탠자* 1

고古세균종과
세균종의 지표地表
극한의 환경에서
살아가는

---

* stanza. 각운이 있는 4행 이상의 시절詩節을 뜻한다.

고온

전리방사선

정수압

자외선

염분

낮거나 높은 pH

중금속 내성

아주 적은 수분

아주 낮은 조도

어느 어두운 밤

여명보다 끈끈한 밤

생물과 무생물을 합치는 밤

생물이 무생물로 바뀌는.

밤에 관한 해설. 여기서 밤이나 "극한의 환경"이라는 표현은, 마지막 연을 시작하는 수수께끼 같은 시구 "어느 어두운 밤"으로 이어진다. 이 시는 지질학적 묘사와 좀 더 시적인 환기(마지막 연의 "밤"이라는 말의 반복)를 통해, 암흑 신비주의 전통의 일부임을 자처하는 듯하다.

그러나 여기서 말하는 '어둠'을 정확히 어떻게 이해해야 하는가? 신비주의 전통의 초기 문헌이 도움이 될 수 있다. 16세기 스페인 카르멜회 수도승인 십자가의 성 요한John of the Cross은《영혼의 어두운 밤Dark Night of the Soul》이라는 시를 통해서 어둠에 대한 몇 가지 정의를 제시한다. 오늘날《영혼의 어두운 밤》이라고 부르는 이 문헌은 사실 서로 관련은 있으나 각각 다른 네 편의 텍스트로 이루어져 있다. 〈카르멜의 산길The Ascent of Mount Carmel〉로 알려진 해설, 성 요한이 신비주의적 완성의 길을 상세히 묘사한 도해, 〈영혼의 어두운 밤〉이라고 불리는 시, 그리고 이 시에 대한 성 요한 자신의 해설이 그것이다. 여기서 우리에게 중요한 것은 마지막 두 텍스트이다. 성 요한이《영혼의 어두운 밤》의 시와 해설을 저술한 시기는 1583~1585년경이라 여겨진다. 그러므로 성 요한이 아빌라의 성녀 테레사Theresa of Avila와 함께 수도원 제도를 개혁한 지 훨씬 이후에, 그리고 또 교회 당국에 의해 투옥되어 고문당한 이후에 저술한 셈이다.

《영혼의 어두운 밤》은 보다 체계적이고 엄밀한 사변적 신비주의 작품들과는 꽤나 다른 텍스트이다. 이 작품의 핵심은 신비주의적 경험이라는 문제이다. 즉 신비주의적 경험의 구조와 의미, 그리고 그러한 경험을 소통할 수 있는 가능성(혹은 불가능성)을 다룬다. 현대의 학자들은 성 요한이 〈카르멜의 산길〉을 쓰다가 갑자기 중단하고, 〈영혼의 어두운 밤〉에서 신비주의적 경험의 문제를 곧바로 다루었다고 여긴다.

《영혼의 어두운 밤》이 또 독특한 점은 다른 신비주의 문헌들과 달리, 어둠 혹은 부정의 모티프와 신성의 관계를 유난히 앞세운다는 것이다. 그러나 성 요한이 신비주의적 경험의 맥락에서 어둠을 사유하는 방식은 여러 가지로 변주된다. 시 〈영혼의 어두운 밤〉은 첫 번째 연부터 이런 주제를 제시한다. "어느 어두운 밤 / 사랑의 다급한 갈망으로 타올라 / 오, 순전한 은총이여! / 아무도 모르게 나와, / 내 집은 이제 고적해졌네."

해설에서 성 요한은 명백한 역설을 지적한다. "그것이 신성한 빛이라면, (…) 왜 어두운 밤이라고 부르는가?" 다시 말해 신과의 합일이라는 신비주의적 경험의 정점은 전통적으로 지복의 빛으로 묘사되어왔는데, 어떻게 그 반대인 어둠, 고적, 부정으로 묘사될 수 있는가? 이에 답하며 성 요한은 어둠을 둘로 정의한다. "첫째, 신성한 지혜가 영혼의 수용력을 초과할 만큼 높기 때문이다. 둘째, 영혼이 비천하고 불순하므로, 이런 영혼에게 지혜란 고통이고 고뇌이자 또한 어둠이기 때문이다."[2] 두 번째 정의는 일반적으로 그렇듯이 감각을 업신여기는데, 이는 금욕적 전통의 전형적 특징이다. 더 흥미로운 것은 첫 번째 정의이다. 이 정의는 "신성한 어둠"이 어두운 이유가, 그것이 인간의 수용력을 초과하기에 충분히 가지적인 것이 될 수 없기 때문이라고 함축하는 듯하다. 우리에게 신성의 개념이 없기 때문에, 신성은 어두운 것이다.

그렇다고 치자. 그러나 만일 신성한 어둠이 어떤 의미에서든 인간을 넘어서므로 어둡다면, 우리는 그것을 어떻게 이만큼이나마 이해할 수 있단 말인가? 신성의 어둠이라는 진술 자체로, 그것은 우리에게 가지적인 것이 되기 시작하지 않는가? 이에 대한 대답으로 성 요한은 어둠에 대해 다소 다른 또 하나의 정의를 내린다. "우리가 정관靜觀, contemplation이라 부르는 이 밤이 영적인 사람에게 초래하는 어둠 혹은 정화는 두 종류인데, 이는 영혼의 두 부분에 따라 감각적인 것과 영적인 것으로 나뉜다."[3] 여기서 성 요한이 주안점을 두는 것은 어둠이란 무엇인가보다는, 그것이 신비주의적 경험을 하는 중인 주체에게 어떤 영향을 미치는가이다. 이 정의는 육체와 영혼의 형이상학적 분열을 받아들인다는 점에서 한결 '철학적'이기도 하다. 육체와 영혼은 신성한 어둠의 영향을 받지만, 두 가지 다른 방식으로 받는다. "감각적 어둠"은 결핍에 가까운데, 역시 금욕적 수도의 실천에 따르는 결핍이다. "영적 어둠"도 결핍처럼 보이지만, 성 요한이 다른 글에서 언급하는 "영적 폭식"에 더 가깝다(예를 들어 이기적 목적으로 최고의 혹은 가장 극단적인 신비주의자가 되고자 하는 것, 여정이 아닌 행선지에 초점을 맞추는 것).

이 두 종류의 어둠은 물론 16세기 기독교 신비주의의 맥락에서 이해해야 하지만, 그로부터 더 세속적이고 더 철학적인 주제를 끌어낼 수도 있다. 감각적 어둠은 단지 금욕적 계율에만 관련된 것이 아니다. 그것은 경험론의 모호한 지위와도 관련이 있다. 그리고 신비주의적 경험을 포함한 모든 경험을 궁극적으로 결정하는, 자아와 세계의 접경과도 관련이 있다. 철저하게 탈의인화된 신 개념을 전제하면, 물음은 이것이다. 경험할 것이 아무것도 없는데, 어떻게 무엇인가 경험할 수 있는가? 어떤 의미에서 성 요한을 비롯한 신비주의자들이 신비주의적 경험이라 부르는 것은 모순어법이므로, 어둠, 밤, 부정의 비유일 따름이다.

마찬가지로 성 요한이 논하는 영적 어둠은 단지 영적 실천의 타락이나 비하에만 관련된 것이 아니다(종교재판과 종교개혁이 둘

다 진행되던 성 요한의 시대에는, 분명히 이념의 시장에 종교적 해법이 차고 넘쳤다). 영적 어둠은 감각적 어둠이라는 경험론의 주제를 더욱 확장한다. 영적 어둠의 주요 관심사는 관념론이다. 경험할 것이 없다면, 신비주의가 감각적이고 현상적인 속성이 모조리 "정화된" 순수 사유의 정관적 실천인 관념론이 되는 것을 무엇으로 막을 것인가? 성 요한은 비경험에 대한 사유로는 충분치 않다고 대답한다. 그럴 경우에는 (비경험에 대한 사유에 대한 사유 등으로 무한 진행ad infinitum하는) 악순환에 빠지거나, 사유 너머의 무엇인가가 상정되어 이 지점에서는 사유 자체가 침묵하고 고적하며 "어두워야" 할 것이다. 성 요한은 "지성적 신앙도 어두운 밤과 같기 때문이다"라고 단언하는데,[4] 이런 정서는 키르케고르 같은 후대의 신비주의 사상가들에게서 반향을 얻는다.

(감각적 어둠과 영적 어둠이라는) 어둠에 대한 두 번째 정의에서, 성 요한의 구별은 경험의 한계와 사유의 한계를 모두 가리킨다. 성 요한은 어둠의 두 유형 모두 신비주의적 경험을 위한 "정화"와 "순응"의 방식이라고 서술한다. 이 과정의 앞부분에는 (예를 들어 명상이나 사색 등등의) 적극적 실천이 수반되지만, 뒷부분은 소극적이다. 신비롭게도 그냥 벌어지는 일인 것이다. 그러나 신비주의적이지 않은 일상 세계에서 살아가는 우리에게는 이것으로 충분하지 않다. 만약 소극적 정화가 있다면, 이렇게 깨끗이 하는 것은 무엇을 위한 일인가? 만약 소극적 순응이 있다면, 순응의 주체는 무엇인가?

이에 대한 성 요한의 대답은 어둠에 관한 세 번째 정의의 형태로 주어진다. 이는 '어둠의 번개 이론'이라고 부를 만하다. 그에 따르면 "신성한 빛은 영혼을 때리는 데 있어 자연의 빛을 능가하므로, 사람이 자연적 빛을 통해 지각하는 모든 자연적 감성과 지성을 어둡게 하고 앗아간다. 신성한 빛은 사람의 영적 능력과 자연적 능력을 어둡게 할 뿐 아니라 텅 비게 한다."[5] (성 요한의 첫 번째 정의대로) 여기서 어두운 신성이라는 모티프는 신성이 초과하고 충일하기 때문이다. 또한 (두 번째 정의대로) 어두운 신성이라는 관념은 신성이 사유와 경험의 한계를 드러내기 때문이다. 마지막으로 여기에서는 신비주의적 경험의 핵심에 있는 역설도 표현된다. 그것은 (경험, 사유, 인간의) 절대적 한계의 현시이다. 이것은 현시하면서 공허해지고 소멸하기도 하며, 그림자와 밤 속으로 물러난다.

이런 모순적 움직임은 조르주 바타유 같은 후대의 사상가에게서 환기된다. "여기 어둠은 빛(혹은 소리)이 부재하는 게 아니라 외부로 흡수되는 것이다."[6] 이는 바타유의 신비주의 시 〈아르캉젤리크L'Archangélique〉에서도 반복된다. "어둠이 초과하면 / 별이 번득인다."[7] 성 요한도 이 역설적 움직임을 환기한다. "하느님은 이 생의 영혼에게는 어두운 밤이시기도 하다."[8]

스탠자 2

원시 생명의 모형을
생성하고,
흐릿한 비-행성적 지반을
생성하는 것.

아득한 진화 분기도에서
다른 호극성 세균들의
계통지질학적 분포는
그들이 태고부터 있었다는 증거가 아니다.

생화학 화합물의 생균 합성과
모든 현존 생명체의 공통 조상LCA 사이의
이성생물적異性生物的 변이에 관한
서술 공백이 줄어듦을 감안하면

지구 위
얼음 의존 유기체의
멸종을 증언하는
태양계의 물과 얼음

동시에 생명의 서명署名—혹은 생명 자체—의
증거가 외계 얼음에 있다

지반에 관한 해설. 이 시의 두 번째 스탠자에서는 지구 및 비지구의 환경을 모두 환기하는 용어가 더 자주 등장하고, "원시 생명" 등에 관한 생물학적 서술도 더 나온다. 이런 용어는 모두 '지반 ground' 개념을 떠올리게 한다. 어떤 행성이나 지구의 땅덩어리라는 말 그대로의 의미뿐 아니라, 개념 전개의 합리적 근거나 토대를 마련한다는 비유적이고 철학적 의미에서도 그렇다.

그러나 지반은 종종 불안정하고 갑자기 이동한다. 또한 장기적이고 거의 감지할 수 없는 이동으로 인해 일어나는 지각변동에 의해 무너진다. 그래서 모든 지반에는 그에 상응하는 지반 없음의 상태, 더 나은 표현으로는 **무지반**unground 상태가 존재한다. 이 무지반이라는 관념은 독일의 신비주의 철학자 야코프 뵈메*의 저작에서 발견된다. 양치기와 구두 직공으로 일했던 뵈메가 신비주의 신학에 관여하게 된 이유는 대체로 그 자신의 신비주의적 경험 때문이었다(그중 하나는 백랍 접시에 비친 한 줄기 햇빛에서 세계 구조의 환상을 본 것이다). 그는 신플라톤주의부터 르네상스 연금술에 이르기까지 다방면에 걸쳐 영향을 미쳤다. 자연철학부터 삼위일체 신학에 이르는 다양한 주제로 글을 썼지만, 무지반Ungrund으로서의 신성이라는 관념을 내놓은 것은 《예정설에 대하여Von der Gnadenwahl》(1623) 같은 신비주의 작품에서였다.

독일어 '운그룬트Ungrund'는 번역이 녹록하지 않다. 문맥에 따라 지반 없음, 지반 없음이라는 지반, 우월한 혹은 최상의 지반을 모두 의미하기 때문이다. 여기서는 단순성을 위해 '운그룬트'를 '무지반unground'으로 번역하되, 그 의미의 다양성을 염두에 두어야 한다. 게다가 이런 다양성은 뵈메의 저술에 함축되어 있다. 뵈메처럼

---

* Jakob Böhme(1575~1624년). 독일의 철학자이자 신비주의자이며, 주로 독일어로 저술한 최초의 사상가이기도 하다. 경건주의나 독일 관념론 등 근세 독일 사상과 근대의 신비주의에도 큰 영향을 주었다.

하느님을 운그룬트라고 말하는 것은 무엇을 의미하는가? 한편으로는 신성에는 특수한 속성이 없기 때문에 하느님은 무지반이다. 신성은 "빛과 어둠, 사랑과 분노, 악과 선 가운데 어느 쪽도 아니다."[9] 바로 그것은 인간 중심적·도덕적·형이상학적인 세계의 속성들에 중립적이다. 다른 한편으로 뵈메는 중립성보다는 부정의 측면에서 신성에 관해 거듭 언급한다. 신성은 "아무것도 아니면서 모든 것이다." 한마디로 신성은 "신성한 심연"이다. 여기서 하느님이 심연인 이유는 신성이 도덕과 형이상학이라는 인간적 세계 너머에 있기 때문이 아니다. 신성이 자기부정 행위를 통해 바로 가지성 자체로부터 빠져나오기 때문이다.

이로써 뵈메에게는 근본적인 신학적 문제가 남는다. 신성이 정말로 무지반이나 심연으로서 부정적으로 사유된다면, 세계, 자연, 생명의 창조를 어떻게 설명할 것인가? 우선 어떻게 무에서 유가 창조될 수 있는가 하는 형이상학적 문제가 있다. 다음으로 불가분의 단일성으로부터 어떻게 복수성, 즉 세계의 다양성이 나올 수 있는가 하는 신학적 문제가 있다. 그러나 이러한 문제들을 넘어서는 보다 중요한 문제가 있다. 만약 신성이 참으로 무지반이고, 이 무지반이 중립적이고 익명적이며 무심하다면, 그것은 분명 신성이 우리 인간과 우리가 사는 인간적 세계에 대해서도 중립적이고 익명적이며 무심하다는 관념을 함축한다. 운그룬트로서의 신성은 단지 부정이나 신성한 심연뿐 아니라, 인간에게 무심한 신성을 함축한다.

여기서 뵈메는 당대에 상당히 표준적이던 신학적 해석 양식에 기댄다. 신성의 현시 방식에 있어서, 신플라톤주의적인 신성의 유출과 삼위일체를 결합하는 것이다. 이 모든 것의 결과로, 신성한 선의 현시(위대한 신비mysterium magnum)로서의 세계는 마찬가지로 신성하고 선을 베푸는 생의 원리(세계의 영혼spiritus mundi)에 의해 생기를 얻는다. 요컨대 고도로 도덕화된 자연철학에 종교적으로 헌신하는 뵈메는, 결국 신성한 심연이나 무지반이라는 자신의 관념이 지닌 양의성을 희생하게 된다. 무지반으로서의 신성이 결국 본유적으로 선하고 도덕적인 세계에 신성한 창조를 주입하는 것으로 이어지는 것은 의외는 아니지만 실망스럽다.

정확히 이 부분에서 신비주의 전통에 영향을 받은 후대 철학자들이 개입한다. 이에 딱 들어맞는 사례는 바로 쇼펜하우어의 의지 관념이다. 쇼펜하우어의 대표작 《의지와 표상으로서의 세계》는 우리에게 나타나는 대로의 세계(현상)와 세계-자체(본체)라는 칸트의 구별을 수정해서 받아들인다. 칸트에게 후자의 관념은 철학적으로 필연적이지만, 그 자체는 우리가 알 수 없는 것이다. 이것은 단지 '저기 바깥'의 어떤 것을 가리킬 뿐이다. 그것은 우리 인간이 감지하고 탐구하고 그에 관한 지식을 생산하지만, 인간 지식의 울타리를 영원히 넘어선다. 칸트의 얼개에서 세계-자체는 모든 사유가 관념론으로 환원되지 않도록 보장해준다.

이에 비해 쇼펜하우어는 비관적으로 불평을 늘어놓으면서도, 우리 인간이 세계-자체를 알 수 있다고 낙관한다. 이 책의 앞부분에서 보았듯이, 쇼펜하우어는 칸트의 우리에게 나타나는 대로의 세계를 인정하면서 표상이라고 부른다. 그러나 이것은 단지 다른 어떤 것을 가리키는 지표일 뿐이다. 쇼펜하우어는 이 다른 어떤 것이

자신이 의지라고 부르는 세계-자체라고 확언한다. 그러나 세계-자체는 우리에게 나타나는 대로의 세계가 되지 않는다면 결코 알수 없는데, 어떻게 쇼펜하우어는 이런 주장을 할 수 있는가? 여기서 "의지"라는 용어는 명백히 인간 개개인의 욕구와 욕망으로 이루어진 현학적인 세계와는 거의 혹은 전혀 무관하다. 그렇다면 그것은 대체 무엇인가? 쇼펜하우어의 가장 위대한 지지자이자 가장 예리한 비평가 중 하나인 니체는, 쇼펜하우어가 그저 "시적 직관"으로 그렇게 주장할 뿐이라고 얘기한다. 그것은 정의상 결코 결정적으로 증명할 수 없다는 것이다.

쇼펜하우어는 세계-자체로서의 의지를 묘사하고자, 힘, 유동, 흐름, 과정, 권력, 역동 같은 다양한 언어에 의존한다. 그렇지만 이 언어 중 어느 것도 일관성 있게 사용하지 않는다. 그뿐 아니라 쇼펜하우어는 (그가 조롱만 늘어놓을 뿐인) 동시대 인물 셸링과 헤겔의 자연철학naturphilosophie에서 주장하는 종류의 범신론도 채택하지 않는다. 그 대신 쇼펜하우어가 되풀이하는 수사는 지반과 무지반이다. 좀 더 비관적이던 때에 언급한 바와 같이, "생의 모든 것은 지상의 행복이 좌절되거나 환상으로 인식될 운명이라고 웅변한다. 그 지반은 바로 사물의 본질 깊숙이 있다."[10] 쇼펜하우어에게는 고통과 권태를 오가는 경험으로 인해 이런 역설적 지반이 형성된다. 그리고 이 지반은 철학자의 논리적 삼단논법보다는 신비주의의 "시적 직관"에 기댄다.

그러나 쇼펜하우어는 세계-자체로서의 의지를 논할 때는 좀 더 엄밀한 지반 개념을 내놓는다. 쇼펜하우어에게 의지는 맹목적이고 익명적이며 우리의 욕구와 욕망에 무심하기 때문에, 인간의 경험과 지식 모두 결코 의지의 안정된 지반일 수 없다. 그가 언급하듯 "그 현상의 형식으로 귀착될 수 없는 현상의 내용이 언제나 녹지 않는 찌꺼기처럼 남을 것이다. 그래서 그것은 충족이유율에 의거하여 다른 무엇인가로 설명할 수도 없다."[11] 그는 이렇게 덧붙인다. "어디에서나 현상 자체의 지반이나 개별 사물의 지반만 주어질 수 있지, 의지 자체의 지반은 결코 주어지지 않는다."[12]

쇼펜하우어는 이 "충족이유"라는 말을 끌어들이면서, 여전히 뵈메를 규정하던 도덕-신학적 틀이 없는 세계-자체를 암시한다. 서양철학 사상의 오랜 토대인 충족이유율에 따르면, 한마디로 존재하는 모든 것에는 존재 이유가 있다. 이것은 곧 철학의 반석이자 지반이다. 쇼펜하우어는 충족이유율의 견지에서 의지를 논함으로써, 세계에는 글자 그대로 이유가 없다고 설파한다. "자연 만물 속에는 어떠한 지반도 부과된 적 없고, 어떠한 설명도 불가능하며, 어떠한 원인도 찾을 수 없는 어떤 것이 있기 때문이다."[13] 충족이유율을 전제한다면 이 지점은 철학의 한계이지만, 그뿐 아니라 신비주의적 사유가 작동하는 경첩이기도 하다. 이 지점에서 모든 지반은 무지반으로 바뀔 수 있을 뿐이다. "세계의 존재 원리는 명백히 지반이 없다. (…) **사물 자체**인 이 원리는 충족이유 혹은 충족지반의 원리에 복속할 수 없다."[14]

이 부분에서 쇼펜하우어의 기획이 표면화하는 신비주의가 눈길을 끈다. 다만 쇼펜하우어는 기독교 신비주의만이 아니라, 힌두교와 불교의 신비주의 갈래도 참조한다. 비록 쇼펜하우어는 가령 불교의 "공호"(수냐타śūnyatā) 개념을 오해하기도 하지만, 그래도 이런 신비주의에 대한 관심은 인간의 문제로서의 무지반 문제를 제기하게 한다. 쇼펜하우어는 세계-자체를 인간적 틀에서 떼어내고, 인간 중심적이고 심지어 의인화된 경험을 빼버린 채 사유하는 방법에 도전하는 것이다.

만약 뵈메와 쇼펜하우어가 시사하는 바와 같이 신비주의적 사유가 지반과 밀접한 관련이 있다면, 일본의 승려이자 선불교 조동종曹洞宗의 시조인 도겐道元의 말을 경청해야 한다. 1227년 즈음 중국 천동산에서 깨달음을 얻고 귀국한 도겐은 《보권좌선의普勸坐禪儀》라는 참선 지침서를 저술했다. 오늘날 판본이 여럿인 이 지침서의 첫 구절은 "꼼짝 않고 앉아" 좌선 중인 선승을 묘사한다. 그러나 사미승에게는 스승이 앉은 자세의 지반성은 공을 참선하는 무지반적 실천에 어긋나는 것처럼 보인다. 사실 도겐은 이 이야기를 하면서 신비주의적 경험이 정확히 이런 지반 없음의 지반이자 사유하지 않음의 사유라는 것을 암시하는 듯하다. "언젠가 약산유엄藥山惟儼 선사가 좌선하고 있을 때 한 승려가 물었다. '그렇게 꼼짝 않고 앉아서 무슨 생각을 하시는지요?' 선사가 답했다. '생각 없음을 생각 중일세.' 승려가 재차 물었다. '어떻게 생각 없음을 생각하시는지요?' 선사가 대답했다. '생각이 아니라네'."[15]

스탠자 3

온도는 모든 생을 억누르네,

영구 동토층에서,
수백만 년 동면하거나
수백만 년 분해되도록.

안정된 성장 온도는 없네,
내열성 동굴 안에서
최적으로 살아가는
박테리아, 고세균, 곰팡이에게도.

인간이 만들지 않은 지구 환경에서
소수의 진정한 호열성 진핵생물인
별가시아메바 테마룸의 성장은
섭씨 50도 이상이 최적온도네.

이런 환경은 원소들이 풍부하네,
비소As, 안티모니Sb, 그리고
수은Hg 같은, 그런 내열성 표면에서
증발이 일어나

염도가 높아졌고, 그래서
호염성 서식 동물이 많아졌다네.

행성에 관한 해설. 이 세 번째 스탠자는 행성의 자연환경 이상의 어떤 것을 환기시킨다. 행성의 물질, 실체, "온도"를 비롯한 전체 분위기를 환기시키는 것이다. 과학적 관점에서 보자면, 대기를 포함한 행성 자체가 존재한다. 시적 관점에서 보자면, 역설적으로 행성을 제외한 대기도 존재한다. 하지만 상식적으로 특히 대기가 행성의 존재에서 파생된다면, 어떻게 대기에서 행성이 제외될 수 있는가?

1958년에 출판된 〈혼잡한 행성The Congested Planet〉이라는 제목의 수수께끼 같은 글에서, 조르주 바타유는 신비주의 전통에서 전례가 없던 것을 시도한다. 모든 형태의 의인화된 구현을 거부하는 비인간적 신비주의를 상상하는 것이다. 바타유는 "죽음과 부富로 혼잡한 어떤 행성"을 묘사하면서, "구름을 꿰뚫는" 익명적이고 비인격적인 "비명"을 환기시킨다. 은유가 아닌 문자 그대로 이해해야 하는 이 구름 속과 이 행성 위에서, 바타유는 "지식은 유기체와 그것이 발생하는 환경 사이의 일치"라고 다소 양의적으로 이야기한다.[16] 우리는 이 구절에서 좀 더 특수한 것을 읽어낼 수도 있다. 즉 지식을 최종적으로 구성하는 것은 환경의 유기체에 대한 순응인 것이다.

그렇긴 하지만 바타유는 "지식의 도박은 두 갈래 길을 연다"라고 말한다. 첫 번째는 어쩌면 당연하게도 도구적 지식의 길이다. 하지만 바타유의 말에 담긴 미묘한 차이는, 이 길이 유기체와 환경의 상관관계(실은 환경의 유기체에 대한 순응)에 대한 철학적인 동시에 신화적인 욕구라는 데 있다. 유기체는 단 한 번의 움직임으로 가능성에서 "그것을 둘러싼 불가능성"으로 넘어가는 "무조건적 탈주"

이다. 그러나 다시 불가능성을 가능성으로, 불가측성을 가측성으로 전환해야만 지식이 생긴다. "위험한 탈주"가 "현명한 계산"으로 전환되는 것이다.

바타유를 종래의 좌파적 관점으로 읽으면 이것은 지구적 산업 자본주의 비판으로 보이지만, 이는 그림의 일부일 뿐이다. 바타유는 단순히 "위험한 탈주"의 편이 아니며, 그저 "불가능성"의 해방을 옹호하는 것도 아니다. 위험한 탈주와 현명한 계산은 모두 인간 세계에 속하며, 바타유의 지적처럼 이 세계가 항상 "행성"과 같은 것은 아니다. 그 둘의 차이는 우리에-대한-세계와 세계-자체의 차이이다. "인간 지식이 가능성 계산이 되는 것은 자신을 위해 모든 사물에 질서를 부여할 때이다."[17]

이것이 "지식의 도박"이 여는 두 번째 길이다. 바타유는 이에 대해 부정적으로만 진술할 수 있다. 그렇다. 우리는 언어, 개념, 도구가 있고, 이것들을 세계에 사용한다. 그러나 세계의 깊은 시간[*]과 지각변동이 우리에게 상기시키는 것은 "궁극적으로 존재하는 것은 무이기에, 만물은 심연 위에 걸려 있고, 지반 자체는 뻔뻔한 환상"[18]이라는 것이다. 인간의 허약함과 지반의 무지반성에 대한 자각, 세계로부터 행성의 분리, 우리에-대한-세계로부터 세계-자체의 분리, 이 모든 것은 바타유에게 이전 시대라면 신비주의적 경험이라고 불렸을 어떤 경험을 환기시킨다. 이것이 가장 명백한 곳은 얄궂

---

[*] deep time. 인간 삶의 시간 척도를 크게 능가하는 지질학적 사건의 시간 척도를 뜻한다.

게도 지질학, 고생물학, 기상학, 생태학에 관한 우리의 정확한 지식
이다. 행성에 대해 더 알수록, 행성은 더 낯설어진다. "가장 확실한
지식조차 그 자료의 본성은 하찮고 일시적이라는 것이 이런 식으로
나에게 드러난다."

바타유의 〈혼잡한 행성〉이 정말 성공적인 글인지는 확실히 논
쟁의 여지가 있다. 그의 글은 과장하는 성향이 있어서, 많은 대학원
생은 이런 시적인 부분을 슬그머니 '건너뛰고' 좀 더 견실한 '이론'
으로 넘어가곤 한다. 그러나 기후변화에 대한 진행 중인 담론을 고
려해볼 때, 이런 글은 거르기가 어렵다. (1960년대 후반 시작한) 바
타유의 연구 기획 《저주의 몫The Accursed Share》도 다르지 않다.* 이
책의 첫 권은 이런 인상적인 말로 시작된다. "인간의 활동은 당면
목표들을 넘어서, 실제로는 우주를 쓸데없이 그리고 끝없이 채우기
를 추구한다."[19]

바타유는 《저주의 몫》 집필 당시 이미 존재했던 천연자원 및
에너지 문제를 분명 모르지 않았을 것이다. 사실 이것이야말로 그
의 접근법의 배경을 이룬다. 그의 접근법은 우주적 현상으로 여겨
지는 특정 양상의 지구적 활동을 경제(부의 생산과 사용)의 관점으
로 인식하는 것"이다.[20] 바타유는 "인간의 생산과 소비의 시스템을

---

* 《저주의 몫La Part maudite》은 3부작(1권 《소모La consumation》, 2권 《에로티시
즘의 역사L'histoire de l'érotisme》, 3권 《주권La souveraineté》)으로 기획되었으나,
1권만 생전인 1949년 출판되고, 2권과 3권의 유고는 바타유의 사망(1962년) 이
후 출간되었다. 따라서 "1960년대 후반 시작한"이라는 표현은 저자의 착오로 보
인다.

훨씬 큰 틀 안에서 연구해야 하지 않는가?"라는 수사적 질문을 던진다.[21]

바타유가 말하듯 《저주의 몫》이 정치경제학 저작이라면, 이 책은 또한 "경제", "부", "생산"과 같은 용어의 의미에 관한 매우 확장된 관점을 제시한다. 인습적이고 편협한 인간 중심적 의미의 경제는 그 최종 심급에서 끈적끈적한 행성의 내부까지 내려가는데, 이것 자체는 깊은 시간이라는 철두철미 비인간적 차원에서만 알 수 있다. 하지만 바타유는 경제와 생태학의 단순한 결합 이상을 요구한다. 이러한 "우주적" 관점에서 경제는 비인간적 행성의 부, 생산, 비용이기도 하다. "지구 표면에서 산출된 어떤 움직임은 그 순간에 일어난 우주의 에너지 순환으로부터 비롯된다."[22]

이 몰인간적이고 행성적인 경제는 어떤 모습일까? 우선 바타유는 전통적 의미의 경제와 우주적 경제를 구분한다. 전자는 "제한적" 경제로서, 목표들이 근시안적이고 최종 목표는 (일반적 인류든 특정 이익집단이든) 인간이다. 후자는 "일반적" 경제로서 행성의 깊은 시간, 지각변동, 대기 변화의 관점을 취하는데, 이는 모두 제한경제의 인간적 이해관계와 무관하게 일어난다. 전자에는 강뿐 아니라, 댐, 다리, 스포츠 행사 등도 포함된다. 한편 후자에서는 우리의 언어가 시(생의 썰물과 밀물)와 과학(유체역학, 층류層流) 사이에서 동요한다.

바타유 기획의 실패가 흥미롭게도 암시하는 바는, 일반경제를 더 중시하면 너무나 인간적인 제한경제를 비판하고 심지어 변형할 수도 있으리라는 것이다. 특히 일반경제는 그 정의상 제한경제의 희망과 욕망에 무심하기 때문이다. (《저주의 몫》의 뒷부분에서 상술하는) 바타유가 할 수 있던 최선은 축제, 전쟁, 호화로운 낭비라는 양의적 의례를 통해, 우리 인간이 부지불식간에 일반경제에 참여하는 여러 방식을 기록해두는 것뿐이었다.

하지만 바타유가 《저주의 몫》에서 뜻한 바를 이루지 못했다고 하더라도, 몰인간 행성이라는 동일 주제는 사후 출판된 거의 경구적인 《종교이론Theory of Religion》에서 다른 모습으로 계속된다. 《종교이론》은 그의 거의 모든 사유를 지배하는 주제로 돌아와, 신비주의적 경험의 문제, 특히 몰인간의 신비주의를 다시 환기한다. 그는 상황 속에서 살아가는 존재인 우리의 이중적 지위에서 출발한다. 한편으로 우리는 세계 **내에** 존재하면서, 이 세계를 특수한 욕구와 욕망을 지닌 인간인 우리에-대한-세계로 본다. 우리가 이런 방식으로 세계 내에 존재하는 것은 자아와 세계의 기본적 분리에 입각한다. 그리고 결국 이런 분리는 개체화의 최소 개념(나는 네가 아니고, 너는 내가 아니니, 내 개인 공간에서 나가라 등등)에 입각한다.

다른 한편으로 우리는 세계 자체**로서** 존재하기도 한다. 우리는 비, 건물, 인터넷만큼이나 세계에 영영 얽힌 생명체이기 때문이다. 우리는 만물과 내밀하게 얽히므로, 우리도 서로 연결되고 만물도 서로 연결된다고 느낀다. 인간은 사물의 한 유형에 불과하다. 바타유는 이 두 가지 느낌을 설명하기 위해, 각각 "불연속"과 "연속"이라는 용어를 사용한다. 우리는 때로 서로 거리를 두고 "혼자만의 시간"을 갖고 싶어 한다. 그러나 다른 때에는 공동체나 소속감을 찾을 뿐 아니라, 세계-자체를 기반으로 이런 연속성을 확인하려 한다.

바타유에게는 이러한 일상 경험이야말로 신비주의적 딜레마의 급소이다. (세계로서 존재하는) 연속의 경험이 일어날 수 있는 전제 조건은 (세계 내에 존재하는) 근본적 불연속이라는 것이다. 달리 표현하면, 세계 내에 존재하는 인간으로서 우리의 근본적 불연속은 가장 크고 가장 극단적인 한계에 이르러 그에 대한 부정으로 넘쳐흐르는데, 이 부정이 정립하는 연속은 모순적이게도 우리 자신의 비인간적 한계이기도 하다. 세계로서 존재하려면, 세계 내에 존재하기를 그쳐야 한다.

바타유는 온갖 부정과 모순을 지닌 이러한 딜레마를 **신성**이라 부른다. "만약 우리가 이제 어떤 연속적 존재에 비추어 세계를 상상하는 인간을 그려본다면, (…) 그 인간에게 (인간처럼) '행동하고 생각하고 말할 수 있는' 사물의 미덕을 부여할 필요가 있다는 것도 알아채야 한다. 세계는 이렇게 사물로 환원되면서, 고립된 개체의 형태와 창조력의 형태를 동시에 갖는다. 그러나 이처럼 개인적이고 구별되는 힘과 동시에, 비인격적이고 뚜렷하지 않으며 내재적인 존재의 **신성한** 특징도 가진다."[23] 이 몰인간적이고 무심한 행성이라는 감각은, 우리 안에서 오직 "무력한 공포"로 표현될 뿐이다. 그렇지만 "이 공포는 모호하다." 바타유가 〈혼잡한 행성〉 같은 초기 저작에서 도달하고자 했던 것이 바로 이런 모호함이다. 기후변화에 대한 현대의 담론에서 표현되는 이런 딜레마는, 우리에-대한-세계에 관한 논쟁(가령 우리 인간은 행성의 지질학적 상태에 부정적이든 긍정적이든 어떤 영향을 미치는가?)과 세계-자체에 관한 대개 입에 담지 않는 은밀한 의문(가령 행성은 우리 인간에게 어느 정도로 무심하며, 우리는 행성에 어느 정도로 무심한가?) 사이의 딜레마이다.

스탠자 4

심해의 많은 미생물은
토착 생물이 아니라,
식물성 분해물 응집체의 요소들이
깊은 곳으로 가라앉은 것이다.

그러한 호압균(혹은 고압균)은
1atm = ~0.1MPa인 대기압을
훨씬 넘는 곳에서
성장률이 최적이라고 정의된다.

해양 시계열 연구와
빈貧영양 서식지 장기 평가에 따르면
전체 극미소플랑크톤에서 IA군 크렌고세균 일부가
최심最深에 이르기까지 깊이에 비례해 증가한다.

디 프로푼디스 500-1T, 동해 P_{opt}=15MPa
모리텔라 아비시 2693T, 마리아나 해구 P_{opt}=30MPa
사이크로모나스 프로푼다 2825T, 열대 대서양 동부, P_{opt}=25MPa
자신의 환경과 더불어

"검은 촉수형 진공의 저조파 속삭임"

동역학적이고 우주적인 평형상태의 어떤 생명 형태는
죽었다.

우주 공간의 생명은
휴면 상태에서
일시적으로 생길 뿐,

어떤 먼 행성의
얼음 덮인 차가운 달.

무에 관한 해설. 이 네 번째이자 마지막 스탠자는 이전 스탠자
들에서 환기한 지질학적이고 기후학적인 기준점을 현저히 벗어난
다. 특히 깊이와 휴면(전자는 바다에서, 후자는 얼음에서)이라는 개
념은 생의, 특히 인간 생의 "토착"적 기원에 관한 의문으로 통한다.
그리고 이 시가 지금까지 해설에서 줄곧 자세히 살펴본 신비주의의
문제로 가장 강력하게 통하는 지점이 바로 여기다.

　　그런데 과학적 서술, 실험 데이터, 분류학적 명칭만 알려주는
이것은 과연 어떤 종류의 신비주의인가? 일반적으로 신비주의를
어떤 모호하고 막연한 경이감이나 경외감이라고 생각할 수도 있다.
이런 느낌은 마약과 상관이 있을 수도 없을 수도 있고, 자연 도보
여행이나 일반적인 지복과도 연관될 수도 되지 않을 수도 있다. 아
니면 신비주의가 실은 꽤 낙천적이고 '깜짝 놀랄 만한' 과학적 도구
주의 덕택에 가능하다고 할 수도 있다. 이러한 과학적 도구주의에

서 지구는 신이 인가한 인간 영역인데, 기후변화의 막판까지 아니 특히 그 막판에 그러하다. 둘 다 여기서 말하는 신비주의는 아니다. 정치적 좌파의 신비주의든 우파의 신비주의든, 정서적 히피의 신비주의든 석유 종말론의 신비주의든, 두 경우는 모두 표면적으로 인간 중심적이고 인간 지향적인 경험이다. 이런 경우 신비주의는 항상 인간으로서의 '우리에 대한' 합일이다.

그러나 역사적 맥락에서 신비주의를 고려해보면, 그 이상을 얻을 수 있다. 오랫동안 진지한 학문의 자격이 없다고 여겨진 신비주의 및 신비주의 저작에 대한 연구는, 20세기에 에벌린 언더힐[*]의 저서 《신비주의: 인간의 영적 의식의 본질과 발전에 관한 연구Mysticism: A Study in the Nature and Development of Man's Spiritual Consciousness》(1911)로 시작되었다. 언더힐은 체계적 실천으로서의 신비주의에 특히 주목하여, 신비주의적 사유의 논리와 신비주의적 경험의 심리를 해명한다. 그에 따르면 "만약 우리가 신비주의자들의 보고를 신뢰할 수 있다면 (…) 이들은 인간 영혼과 저 '유일한 실재', 저 비물질적이고 궁극적인 존재 사이의 직접적 소통을 이루는 데 성공한 유일한 사람들이다. 이 '유일한 실재'를 철학자 일부는 절대자라 부르고 신학자 대부분은 신이라고 부른다."[24] 그러나 언더힐이 밝힌 바와 같이, 이런 소통을 이루는 방식은 매우 다양하다. 교부들의 정전正典에 실린 진술, 영적인 평신도들의 일화와 자

---

[*] Evelyn Underhill(1875~1941). 영국의 작가로, 주로 기독교 신비주의에 대한 작품을 저술했다.

전自傳, 범신론의 주변적이고 이단적인 암시 등이 그것이다.

서양에서 신비주의가 간헐적으로 꽃을 피운 것을 설명하기 위해, 각 신비주의가 저항한 역사적 맥락을 끌어들이는 경우가 많다. 신비주의는 14세기 독일에서 번성했는데, 특히 마이스터 에크하르트*의 저작이 유명하다. 에크하르트는 보다 '철학적인' 신비주의자였지만, 그의 사유 방식은 스콜라주의의 과잉 합리성과, 그것의 논리학, 유명론唯名論, 정교한 성서 주해에 대한 애호에 저항한다. 신비주의는 16세기에 다시 융성하는데, 이번에는 스페인이 무대이다. 가장 널리 인용되는 사례는 십자가의 성 요한과 아빌라의 성 테레사의 저작과 협업이다. 종전의 신비주의자들에 비해 신비주의 시, 자전, 명상 등의 비철학적 담론으로 기운 두 저자는, 당대에 부상하던 과학적 인문주의와 양의적 관계를 맺는다. 그들 저작의 핵심은 이 세계에서 인간이 겪는 고통의 문제, 아니 바로 자아와 세계의 관계가 **곧** 고통으로 이어지는 정도이다. 성 요한이 말한 것처럼 "행복한 영혼들도 대개 겪는 영적이거나 세속적인 암흑과 시련은 (…) 너무 많고 깊어서 인간 과학은 제대로 이해할 수 없다." 성 요한은 이렇게 덧붙인다. "그것을 경험해도 이해하지는 못한다. 이런 고통을 겪는 사람들은 이 경험이 어떤 것인지 알겠지만, 말로 설명할 수는 없을 것이다."[25]

이 점을 감안하면, 수많은 신비주의자가 고통이라는 문제에

---

* Meister Eckhart(1260?~1327?). 도미니크파의 신학자이자 독일 신비주의의 대표적인 사상가이다.

대한 해답으로 자아와 세계의 어떤 소멸이나 합일을 상정하는 것
도 그리 놀라운 일이 아니다. 자아와 세계의 분열을 효과적으로 우
회한다면, 이런 분열의 핵심적인 부분인 모든 육체적·영적·실존적
고통도 우회할 수 있다. 그러면 ('어떤 사람'이 여전히 있다면) 그 자
리에 있는 어떤 사람은 자연적인 것과 초자연적인 것, 세속과 신성
의 소멸이나 합일을 더 경험할 위치에 있게 된다. 이는 사변적 신비
주의 전통에 속하는 거의 모든 저작의 척도다. 그러나 어떻게 이 자
연과 초자연의 합일을 너무나 인간적인 우리 언어로 서술할 수 있
는가는 고사하고, 정확히 어떻게 이런 합일 자체가 가능한가에 관
해서도 자주 이견이 생긴다. 몇몇은 빛의 모티프로 합일을 서술한
다. 이 모티프의 오랜 전통은 교부들의 신비주의 저작으로 올라가
고, 최종적으로는 신플라톤주의의 전거(예를 들어 플로티노스*의 빛
과 방사의 신성한 위상학)까지 거슬러 올라간다. 이 '빛 신비주의'는
또한 긍정의 신비주의이다. 하느님과의 긍정적 교감을 역설하며,
이 상승의 사다리에서 올바른 계단들을 규정하기 때문이다.

　그러나 빛 신비주의는 몇몇 측면에서 절충을 받아들인다. 가
령 하느님이 어지간히 의인화되어, 우리는 그의 불안하고 가부장적
인 품에 안긴다. 만약 신성(의인화에 반대하는 경향을 강조하기 위해
'하느님'이 아니라 '신성'이라고 하자)이 단순한 초인이 아니라, 어떤
근본적인 방식으로 인간을 넘어서 있다면(혹은 심지어 인간에 맞선

---

* 　Plotinus(205?~270). 고대 그리스의 철학자이자 신비주의 사상가로서, 신플라톤
　주의의 창시자이다.

다면), 신성에 관한 어떠한 인간적 사유도 사유의 한 지평에 불과할 것이다. 다른 신비주의 사상가들이 보기에는 이런 신성과의 합일은 불가해하므로, 그에 관한 모든 가능한 지식이나 설명은 오직 부정적인 방법으로만 이루어질 수 있다(예를 들어 X와 Y가 세속적이고 인간 중심적인 속성을 가리킨다면, 신성은 X도 아니고 Y도 아니다). 따라서 이들은 (신성한 지성의 방사든, 지복의 빛이든) 빛의 모티프가 아니라, 어둠과 밤의 모티프를 선호한다. 이것도 전통이 유구하다. 6세기경 비아 네가티바via negativa, 즉 부정의 길을 신성한 합일로 가는 길이라고 못 박은 디오니시우스 아레오파기타까지 거슬러 올라가는 것이다. 이 전통을 따르는 사람들은 종종 몇 가지 담론 양식을 활용해 신성에 대해 말한다. 그중 하나는 부정신학의 담론 양식이다. 여기에서는 언어, 논리, 철학적 논증을 활용하여 신성의 아포리아적* 불가지성을 증명한다. 또 하나는 암흑 신비주의의 담론 양식이다. 여기서는 시와 알레고리를 활용하여, 신성은 인간의 사유와 이해의 울타리 밖에 영원히 머문다고 암시한다. 십자가의 성 요한의 시 〈영혼의 어두운 밤〉은 14세기 익명의 저작 《무지의 구름》과 더불어 암흑 신비주의 전통의 핵심 저술로 언급되곤 한다.

암흑 신비주의는 단순히 비유적으로뿐만 아니라 역사적으로도 신비주의 사유의 어두운 이면이다. 암흑 신비주의는 신성의 교감이라는 정점에서도 그늘과 공허의 언어를 고수한다. 마치 신성과

---

* '아포리아aporia'의 어원은 그리스어 'ἀ'(부정 접두사)와 'πορος'(다리, 길)의 합성어로 '길이 없음', 즉 해결하기 어려운 난제를 뜻한다.

의 긍정적 합일보다, 인간의 절대적 한계 인식이 훨씬 중요하다는 듯이. 암흑 신비주의를 '신비주의적'이라고 하는 이유는 치료적이고 인간 중심적인 하느님과의 포옹에 찬성하기 때문이 아니다. 그것은 세계를 언제나 우리에-대한-세계로 이해하는 인간의 끈질긴 습벽에 반대하기 때문이다.

그러나 빛 신비주의든 암흑 신비주의든, 언더힐 같은 현대 학자들이 다시 검토하는 질문은 헨리 앤즐리Henry Annesley의 《어두운 풍수Dark Geomancy》에 요약되어 있다. "신비주의자의 역사가 이런 통상적 경험을 일부나마 건드리고 밝혀낼 수 없다면, 비인간의 일반적 역사 속에 이런 경험의 위치를 자리매김할 수 없다면, 그리고 비인간의 본성과 운명을 이해하는 데 공헌하지 못한다면, 그 역사에 대한 우리의 관심은 현실과 동떨어진 비현실적 탁상공론일 수밖에 없다."[26] 요컨대 "범속하고 신비주의적이지 않은" 우리에게 신비주의는 어떤 의미인가? 오늘날에도 여전히 반향을 얻고 있는 언더힐의 대답은 신비주의의 역사가 "인류의 역사를 깊이 이해하는데 필수적"이라는 것이다.[27]

물론 언더힐의 저작이 신비주의에 관한 무척 귀중한 연구이긴 하지만, 이에 대한 그의 대답은 제쳐두고 질문만 남겨두기를 제안한다. 그리고 이 지점에서 아마도 암흑 신비주의의 전통을 새로운 관점으로 이해할 수 있을 것이다. 즉 기후, 지각판, 열대 폭풍, 유전油田과 원시 생물의 끈적끈적한 지질학적 퇴적에 관한, 현재 우리의 지정학적 상상이 이런 관점이다. 현대에 우리는 행성(및 우주)에서의 인간의 허약성을 끊임없이 떠올리고, '인류의 역사'에 전적으로 무심해 보이는 것(홍수, 지진, 산불, 허리케인, 물 부족, 극한 기온 등 등)을 끊임없이 떠올리는데, 이런 상황에서 신비주의는 뜻밖의 의미를 지니는지도 모른다. 루돌프 오토는 종교적이고 신비주의적 경험에서의 양의적인 "신성의 공포"를 고찰하면서 이런 의미를 제안한다. 인간이 어떤 역설적인 상태에서 절대적인 몰인간을 맞닥뜨리는 그런 경험은 부정적으로만 사유할 수 있다. 오토에 따르면 서양에서 이러한 부정적 사유를 표현하는 양식은 크게 두 가지, 침묵과 어둠이었다. 오토는 여기에 세 번째를 더한다. 그가 보기에 신비주의 경험의 동양적 형태에서 지배적인 이 세 번째 양식을, 그는 "텅 빔과 빈 공간" 혹은 공void이라고 부른다. 여기서 사유의 부정은 긍정으로 바뀌지만, 이 긍정은 "공허" 또는 "텅 빔"에 대한 역설적인 긍정이다. 오토에 따르면, "어둠이나 침묵과 마찬가지로 '공'도 부정이지만, '이것'과 '여기'를 모두 폐하는 부정이다. 따라서 '완전히 다른 것'이 실현된다."[28]

따라서 새로운 암흑 신비주의, 몰인간 신비주의에 관한 우리의 탐구는 실로 '우리 없음without-us'의 신비주의 혹은 **세계-자체의 암흑 신비주의**dark mysticism of the world-in-itself에 관한 또 다른 사유 방식이다. 이러한 정서는 현대의 "인간 소실 경향"을 거듭 다룬,[29] 교토 학파 철학자 니시타니 게이지*의 저작에서 나타난다. 니시타

---

* 西谷啓治(1900~1990). 일본의 교토학파 철학자이자 불교학자로서, 선禪의 전통에서 공의 체험에 관한 연구로 유명하다. 1937년부터 1939년까지 독일 프라이부르크 대학에서 하이데거에게 사사했다.

니는 서양철학과 대승불교 양쪽에 정통한 일본 철학자 세대에 속한다. 니시타니 자신은 1930년대 후반 하이데거에게 배웠고, 쇼펜하우어, 니체, 마이스터 에크하르트 같은 서양 사상가들을 부단히 연구했다. 그에게 신비주의적 사유의 통찰은 현대 허무주의의 핵심 문제를 드러낸다. 니체의 진단에 공감하는 니시타니는, 현대 허무주의가 기본적으로 결성적 허무주의라는 데 주목한다. 이런 허무주의에서는 어떤 것은 무로 드러나고, 어떤 의미나 가치의 자리는 환상이나 텅 빈 것으로 드러난다. 이런 허무주의의 요체는 니체에게는 종교적 신앙에 대한 맹신의 쇠퇴였지만, 니시타니에게는 종교와 과학 모두의 이중적 쇠퇴이다. 이를 통해 "자아와 세계의 지반에 있는 허무를 자각하게 되는" 것이다.[30] 현대 허무주의는 세계에 의미와 실체를 부여할 토대도 없이, 공허에 직면해 있다.

니시타니의 주장에 의하면, 우리의 대응은 종교적으로든 과학적으로든 세계에 의미를 부여하는 새로운 지반을 다시 발견하는 것이어서는 안 된다. 그렇다고 해서 이런 의미 상실, "허무의 심연"에서 절망적으로 뒹굴기에 만족하는 것이어서도 안 된다. 오히려 이 심연과 공허를 더 깊이 파고들어서, 그 안에서 허무주의라는 막다른 골목으로부터 빠져나올 길을 찾아야 한다. 그렇다면 니시타니에게 있어 허무주의를 넘어서는 유일한 길은 허무주의를 통하는 길이다. 여기서 그는 관습적으로 "공허"나 "텅 빔"으로 옮기는 "수냐타"라는 불교 개념을 참조한다. 니시타니가 제안하는 **절대적 공허**는 순수한 부정적 공허이면서 비존재의 역설적 토대(비존재론)에 근거한다. 이는 결성적 공허이면서 존재의 부재라는 토대(존재론)에 근거하는 현대 허무주의의 **상대적 공허**와 대조적이다.

"텅 빔이 수냐타라는 의미의 텅 빔이려면, 이 텅 빔을 어떤 텅 빈 '것'으로 표현하는 관점조차 텅 비워야 한다."[31] 무 너머의 이 기이한 공허, 텅 빈 것 너머의 이 텅 빔에 대해 어떻게 사유할 수 있는가? 니시타니는 절대적 공허에 대해 묘사하면서, 거듭하여 행성적이고 기후학적이며 우주적인 비유를 든다. "허무가 존재하는 그 어떤 것에 대해서든 심연인 것처럼, 텅 빔은 심지어 허무의 심연에 대해서도 심연이라고 할 수 있다. 끝없이 펼쳐진 하늘 안에 측량할 수 없을 정도로 깊은 골짜기가 있다고 상상할 수 있듯이, 허무와 텅 빔도 마찬가지이다. 하지만 여기서 우리가 염두에 두는 하늘은 저 아래 골짜기 위로 아득하고도 광대하게 펼쳐져 있는 창공 이상이다. 그것은 지구와 인간을 뒤덮은 우주적 하늘이자, 그 안에서 움직이고 존재하는 무수한 별들의 영역이다."[32]

절대적 공허(수냐타)에 대한 니시타니의 해석에서, 모든 것을 존재하고 존속하게 하는 것 자체는 어떤 존재자도 아니고, 모든 존재자의 토대로서 존재하지도 않는다. 그것은 공허이자 텅 빔이다. 이로부터 마찬가지로 기이하고 불가사의한, 존재하는 모든 것의 동일성이라는 결론이 뒤따른다. "모든 이와 모든 것은 이름이 없고, 이름 붙일 수 없으며, 알 수도 없다. (…) 그리고 이 우주적 허무는 우리가 서로에게서 떨어지게 하는 바로 그 허무와 같다."[33] 니시타니에게는 이처럼 무와 공허가 모두에게 공통적이기 때문에, 상대적 공허에서 절대적 공허로 나아간다. "허무의 영역에서는 바닥 없는 황량한 심연이 아무리 친밀한 사람이나 사물도 서로 떼어놓는

데 반해, 텅 빔의 영역에서는 저 절대적 균열이 바로 존재하는 모든 것과의 가장 친밀한 조우를 직접적으로 가리킨다."[34] 자아와 세계는 지반이 없다고 여겨지게 되지만, 불가사의하게 서로 구분되지 않는다고도 여겨지게 되었다.

물론 이는 극도로 난해한 사유다. 그래서 누구에게도 도움을 주지 못한다. 세계의 편에 있는 존재는 없다. 하물며 자연이나 기후의 편에 있는 존재는 더더욱 없다. 어떤 관계가 있다고 해도, 자연재해와 범세계적 유행병의 만연은 우리가 세계의 편에 있는 것이 아니라 세계가 우리에게 반反한다고 암시한다. 하지만 마치 세계가 인류에 대한 인간 혐오적 복수심을 품고 있는 듯이 묘사하는 이런 견해도 지나치게 인간 중심적이다. 보다 정확하게 (어떤 의미에서는 보다 공포스럽게) 말하려면, 세계가 우리 인간에게 무심하다고 해야 할 것이다. 실제로 기후변화 담론에서 가장 중요한 문제는, 대체 왜 인간이 쟁점인가이다. 한편으로는 우리 인간이 바로 문제이다. 다른 한편으로 지구의 깊은 시간의 행성적 수준에서는 인간만큼 하찮은 것도 없다.

이 지점에서 다시 신비주의가 중요해진다. 그러나 현대 신비주의와 역사적 신비주의의 차이는 지극히 중요하다. 역사적 신비주의가 자아와 세계의 분열을 완전히 합일시키는 걸 목표로 한다면, 오늘날의 신비주의는 자아와 세계의 철저한 괴리와 무심함에 의존해야 할 것이다. 역사적 신비주의가 여전히 주체의 경험이 목표이고 신의 원리를 최상의 원리로 삼는다면, (신의 죽음 이후) 오늘날의 신비주의에서는 경험의 불가능성이 관건일 것이다. 즉 그늘 속에 머문 채 어떤 가능한 경험에서도 벗어나지만, 날씨, 땅, 물질의 주기적 격변을 통해 그 존재를 느낄 수 있는 어떤 것이 관건일 것이다. 역사적 신비주의가 최종 심급에서 신학적이라면, 오늘날의 신비주의, 즉 몰인간의 신비주의는 최종 심급에서 **기후학**적이어야 할 것이다. 그것은 이 행성의 먼지 속에서만 표현되는 신비주의이다.

"이 책의 일부는 《붕괴Collapse》, 《흉측한 그노시스Hideous Gnosis》, 《볼륨 매거진Volume Magazine》에 먼저 실렸다. 읽어본 뒤 의견을 주고 격려해준 BW, CM, EM, ELT, JA, MF, NM, MST, MT, RN, TG, TL, PM에게 감사를 전한다."

서문

1. 나는 '비철학적non-philosophical'이라는 용어를 신중하게 사용한다. 따라서 이 책을 비철학에 대한 저서라고 특징짓지는 않는다. 적어도 프랑수아 라뤼엘François Laruelle의 《비철학의 원리Principes de la Non-philosophie》에서 묘사하는 비철학에 부합하는 의미로는 아니다. 하지만 나는 비철학의 수많은 지향을 받아들일 것인데, 그중에서도 (여기에서 '공포'로 제시한) 철학의 결정決定 구조에 관한 탐구가 주요하다.

I.

1. Arthur Schopenhauer, The World as Will and Representation I, trans. E. F. J. Payne(New York: Dover, 1969), §71, p. 412[《의지와 표상으로서의 세계》 전면개정판, 홍성광 옮김, 을유문화사 2019, 544쪽].

2. H. P. Lovecraft, "The Call of Cthulhu," in *The Call of Cthulhu and Other Weird Stories*, ed. S.T. Joshi(New York: Penguin, 1999), p. 139[〈크툴루의 부름〉, 《러브크래프트 전집 1》, 정진영 옮김, 황금가지, 2009, 135~136쪽]. 초기 소설인 〈고故 아서 저민과 그의 가족에 관한 사실Facts Concerning the Late Arthur Jermyn and His Family〉[《러브크래프트 전집 4》, 정진영·류지선 옮김, 황금가지, 2012, 155쪽]에서 러브크래프트는 이런 정서를 이렇게 표현했다. "삶은 흉측하다. 우리가 삶에 대해 알고 있는 것 배후로부터 진실의

악마적 징후가 우리를 응시한다. 이런 징후는 때로 삶을 수천 배 더 흉측하게 만든다".

3. Athanasius, *The Life of Antony*, trans. Robert C. Gregg(New York: Harper Collins, 1980), pp. 13~14[《성 안토니우스의 생애》, 전경미 옮김, 키아츠, 2019, 25쪽].

4. 〈마가복음〉, 5장 9~10절.

5. Dionysius the Areopagite, *The Divine Names*, trans. Colm Luibheid, in *Pseudo-Dionysius: The Complete Works*(New York: Paulist Press, 1987), IV.19.716D[〈신의 이름들〉, 《위 디오니시우스 전집》, 엄성옥 옮김, 은성, 2007].

6. Dante Alighieri, *Inferno*, trans. Mark Musa(New York: Penguin, 2003), Canto V: 30~38, 42~47[《신곡: 지옥편》, 박상진 옮김, 민음사, 2007, 5곡 49~51쪽].

7. Johann Weyer, *On Witchcraft: An Abridged Translation of Johann Weyer's De Praestigiis Daemonum*, ed. Benjamin Kohl and H. C. Erik Midelfort, trans. John Shea(Segundo: Pegasus Press, 1998), Book V, ch. 28, p. 238.

8. Jean Bodin, *De la Démonomanie des Sorciers*(Paris: Jacques du Puys, 1580), Book II, ch. 8, p. 237. 원문은 이렇다. "모든 악마는 악령, 거짓말쟁이, 사기꾼, 인류의 적이다tous les Demons sont malings, menteurs, imposteurs, ennemis du genre humain." 그러나 이어서 보댕은 난해한 주의를 준다. "그리고 그들에게는 하느님께서 허여하시는 것 이상의 힘은 없다et qu'ils n'ont plus de puissance que Dieu leur en permet."

9. Arthur Schopenhauer, *The World as Will and Representation* I, §71, p. 409 [《의지와 표상으로서의 세계》, 541쪽].

10. 위의 책, p. 410[같은 책, 542쪽].

11. 위의 책[같은 책, 542~543쪽].

12. 위의 책[같은 책, 543쪽].

II.

1. Frances Yates, *The Occult Philosophy in the Elizabethan Age* (London: Routledge, 2001), pp. 53~54.

2. Henry Cornelius Agrippa, *Three Books of Occult Philosophy*, ed. Donald Tyson, trans. James Freake (Woodbury: Llewellyn, 2009), p. 32.

3. 위의 책.

4. Johan Huizinga, *Homo Ludens: A Study of the Play-Element in Culture* (Boston: Beacon Books, 1971), p. 10[《호모루덴스: 놀이하는 인간》 개정판, 이종인 옮김, 연암서가, 2018, 47쪽].

5. 위의 책[같은 책, 47쪽].

6. 위의 책, p. 57[같은 책, 130쪽].

7. 위의 책[같은 책, 130쪽].

8. 위의 책, p. 10[같은 책, 47쪽].

9. 월터 카우프만 Walter Kaufmann이 쓴, 《파우스트》 서문에서 재인용했다. Johann W. Goethe, *Faust*, trans. Walter Kaufmann (New York: Anchor, 1962), p. 13.

10. Christopher Marlowe, *Doctor Faustus and Other Plays*, ed. David Bevington and Eric Rasmussen (Oxford: Oxford University Press, 2008), A 1.1, 12~15 [《포스터스 박사의 비극》, 이성일 옮김, 소명출판, 2015, 16쪽]. 이 인용은 1604년 "A" 텍스트나 1616년 "B" 텍스트에 나온다.

11. 위의 책, A 1.1, 50[같은 책, 18쪽].

12. 위의 책, A 1.1, 51~54[같은 책, 18쪽].

13. 위의 책, B 1.3, 1~15.

14. Johann W. Goethe, *Faust*, I, 382~385[《파우스트 1》, 이인웅 옮김, 문학동네, 2009, 35쪽].

15. 위의 책, 418~421[같은 책, 36~37쪽].

16. 위의 책, 438[같은 책, 37쪽].

17. 위의 책, 434; 447~448[같은 책, 37~38쪽].

18. Dennis Wheatley, *The Devil Rides Out*(Ware, Hertfordshire: Wordsworth, 2007), pp. 213~214.

19. 위의 책, p. 221.

20. 위의 책, p. 243.

21. James Blish, *Black Easter, or Faust Aleph-Null*(New York: Avon/Equinox, 1977), p. 28.

22. 위의 책, pp. 131~132.

23. 위의 책, p. 157.

24. 위의 책, p. 163.

25. William Hope Hodgson, *The Casebook of Carnacki— Ghost Finder*(Ware, Hertfordshire: Wordsworth, 2006), p. 45.

26. 위의 책, p. 46.

27. 위의 책, p. 173[윌리엄 호프 호지슨, 〈돼지〉, 《러브크래프트 전집 6: 외전 하》, 정진영 옮김, 황금가지, 2015, 243~244쪽].

28. 위의 책, p. 180[같은 책, 253쪽].

29. H. P. Lovecraft, "From Beyond," in *The Dreams in the Witch House and Other Weird Stories*, ed. S. T. Joshi(New York: Penguin, 2005), p. 24[〈저 너머 에서〉, 《러브크래프트 전집 2》, 정진영 옮김, 황금가지, 2009, 14~15쪽].

30. 위의 책[같은 책, 15쪽].

31. 위의 책, p. 25[같은 책, 16쪽].

32. 위의 책, p. 27[같은 책, 20쪽].

33. 위의 책, p. 28[같은 책, 20쪽].

34. 위의 책, pp. 26~27[같은 책, 19쪽].

35. 위의 책, p. 29[같은 책, 23쪽].

36. Junji Ito, *Uzumaki*, volume 1, trans. Yuji Oniki(San Francisco: Viz Media, 2007), p. 20[이토 준지, 《소용돌이》 합본판, 한나리 옮김, 시공사, 2010,

20쪽].

37. Letter from Lovecraft to Farnsworth Wright, 5 July 1927, in H. P. Lovecraft, *Selected Letters II, 1925-1929*, ed. August Derleth and Donald Wandrei(Sauk City: Arkham House, 1968), p. 150.

38. M. P. Shiel, *The Purple Cloud*(Lincoln: Bison Books, 2000), p. 41.

39. 위의 책, p. 40.

40. Fred Hoyle, *The Black Cloud*(New York: Signet, 1959), p. 16.

41. 위의 책, p. 29.

42. 위의 책, p. 105.

43. J. G. Ballard, *The Wind From Nowhere*(Berkeley: Berkeley Medallion, 1966), p. 101.

44. 위의 책, p. 127.

45. 위의 책, p. 47.

46. 위의 책, p. 42.

47. Fritz Leiber, "The Black Gondolier," in *Night Monsters*(New York: Ace, 1969), p. 14.

48. 위의 책.

49. 위의 책.

50. 위의 책, p. 15.

51. Carl Schmitt, *Political Theology: Four Chapters on the Concept of Sovereignty*, trans. George Schwab(Chicago: University of Chicago Press, 2006), p. 36[《정치신학: 주권론에 관한 네 개의 장》, 김항 옮김, 그린비, 2010, 54쪽].

52. 위의 책[같은 책, 54쪽].

53. 위의 책, p. 49[같은 책, 70쪽].

54. 위의 책, p. 46[같은 책, 65쪽].

III.

1. Arthur Schopenhauer, *The World as Will and Representation* II, trans. E. F. J. Payne(New York: Dover, 1969), p. 467.

2. Dante Alighieri, *Inferno*, Canto XIV, trans. Mark Musa(New York: Penguin, 2003), 22~24를 참조하라. "어떤 영혼은 쭉 뻗은 채 누워 있고, / 어떤 영혼 은 잔뜩 등을 구부린 채 웅크리고 있으며, / 어떤 영혼은 멈추지 않고 원을 그리며 헤맸다."[《신곡: 지옥편》, 박상진 옮김, 민음사, 2007, 137쪽].

3. 위의 책, Canto XIV, 51[같은 책, 141쪽]. 만델바움Allen Mandelbaum의 영 역본에서는 "Qual io fui vivo, tal son morto"를 "나는 죽어서도 살아 있을 때 와 같다That which I was in life, I am in death"로 번역했다.

4. 베르길리우스도 이렇게 장황하게 지껄이는 카파네우스를 꾸짖으며, 그의 말 자체가 스스로에 대한 형벌이 되고 있다고 말한다.

5. 짐승 같은 사탄의 모습을 보고, 단테는 "나는 죽지 않았다. 또 나는 살아 있 지도 않았다"라고 쓴다(*Inferno*, Canto XXXIV, 25)[《신곡: 지옥편》, 347쪽].

6. 여기에서는 윌리엄 호프 호지슨의 《밤의 대지》뿐 아니라, 클라크 애슈턴 스 미스Clark Ashton Smith, 로버트 E. 하워드Robert E. Howard, 프랭크 벨냅 롱 Frank Belknap Long의 기이한 이야기에 등장하는 생명체를 예로 들 수도 있다.

7. H. P. Lovecraft, "At the Mountains of Madness," in *The Dreams in the Witch-House and Other Weird Stories*, ed. S. T. Joshi(New York: Penguin, 2004), p. 271[〈광기의 산맥〉, 《러브크래프트 전집 2》, 정진영 옮김, 황금가 지, 2009, 258쪽].

8. [소설 속] 미스캐토닉 대학 원정대의 발견에서, 퀑탱 메이야수Quentin Meillassoux의 "원-화석arche-fossil"의 재구성을 쉽게 떠올릴 수 있다. William Dyer et al., "A Hypothesis Concerning Pre-Archean Fossil Data Found Along the Ross Ice Shelf," *The New England Journal of Geological Science*, 44.2(1936), pp. 1~17을 참조하라.

9. H. P. Lovecraft, "At the Mountains of Madness," p. 330[〈광기의 산맥〉, 《러

브크래프트 전집 2》, 336쪽].

10. 위의 책, p. 331[같은 책, 336쪽].

11. 가장 단순한 형태의 양진주의는 어떤 명제 X는 참인 동시에 거짓일 수 있
다고 주장한다. 그러므로 양진주의는 (아리스토텔레스의 《형이상학》에서 정의
한) 모순율에 어긋나지만, 절대적 상대주의를 받아들이지 않으려면 어떤 형
태로든 모순을 허용하는 초일관 논리paraconsistent logic를 받아들일 수밖
에 없다. 상세한 내용은 Graham Priest, *In Contradiction*(Martinus: Nijhoff,
1987)을 참조하라.

12. 나의 글 "Biological Sovereignty," *Pli: The Warwick Journal of Philosophy*
17(2006), pp. 1~21을 참조하라.

13. 유행병을 다루는 상당수 인문학자는 현대 세균 이론의 맥락에 초점을 맞
춘다. 에밀리 마틴Emily Martin의 《유연한 몸Flexible Bodies》(Boston: Beacon,
1994), 로라 오티스Laura Otis의 《막Membranes》(Baltimore: Johns Hopkins
University Press, 2000), 에드 코언Ed Cohen의 《방어할 가치가 있는 몸A Body
Worth Defending》(Durham: Duke University Press, 2009)은 각각 인류학, 문학
연구, 문화이론의 관점을 보여준다. 자크 데리다Jacques Derrida는 9·11 테
러 이후 적이라는 정치적 개념이, 위협은 내부로부터 온다는 자가면역의 은
유에 중점을 둔다는 데 주목했다. Giovanna Borradori and Jacques Derrida,
"Autoimmunity: Real and Symbolic Suicides— a Dialogue with Jacques
Derrida," in *Philosophy in a Time of Terror* (Chicago: University of Chicago
Press, 2003)[〈데리다와의 대화: 자가-면역, 실재적이고 상징적인 자살〉,《테
러 시대의 철학》, 손철성 외 옮김, 문학과지성사, 2004]를 참조하라. 그러나
재앙과 역병에 대한 전근대적 담론에서도 배울 점이 많다. 이런 담론은 보통
내부-외부 존재론을 약화하고, 생과 후생의 생의 신학을 지지한다.

14. 이에 대한 연구는 논문집 *Epidemics and Ideas: Essays on the Historical
Perception of Pestilence*, ed. Terence Ranger and Paul Slack(Cambridge:
Cambridge University Press, 1992)을 참조하라.

15. 예를 들어 16세기 중엽 윌리엄 불린William Bullein이 쓴 재앙 소책자 《전염성 열병에 맞선 대화A Dialogue Against the Fever Pestilence》는 역병을 탐욕, 이기심, 불신앙 등으로 다양하게 표현하는 일관성 있는 우화이다.

16. 〈출애굽기〉, 7장 14절~12장 42절.

17. 〈요한계시록〉, 15~16장.

18. *The Black Death*, ed. Rosemary Horrox(Manchester: Manchester University Press, 1994)에 번역 수록된 가브리엘레 데 무시스Gabriele de Mussis의 연대기를 참조하라.

19. 가장 최근에는 레자 네가레스타니Reza Negarestani가 부식의 모티프를 전개했다. 논문 〈잠복한 부드러움: 부식의 정치학과 건축학 입문Undercover Softness: An Introduction to the Politics and Architecture of Decay〉, *Collapse* V(2010)뿐 아니라, 소책자 《요리의 발굴Culinary Exhumations》(Boston: Miskatonic University Press, 근간)에서 "건축 과정으로서의 부식"을 논하고 있는 것이다. 네가레스타니는 부식 개념을 이해하기 위해, (옥스퍼드에서 발전한 중세 스콜라 철학으로부터 유래한) 수학과 (특히 형태론과 변형의) 건축이라는 두 가지 방식으로 접근한다. 여기서 건축과 부활의 관계에 대해서는 부연할 내용이 많다. 폐허는 이 둘 사이의 개념적 연결 고리가 되어줄 것이다.

20. 역사가는 대부분 무시스가 이 이야기를 전해들은 것이라 여긴다. "타타르인들Tartars은 이 질병이 초래한 엄청난 재난에 망연자실한 채 죽어갔다. 이들은 벗어날 가망이 없다는 것을 깨달았고, 공성전을 할 의욕을 잃었다. 하지만 시체들을 투석기에 실어 도시 안에 던져 넣으라고 명했다. 참을 수 없는 악취로 성 안의 모든 자가 죽기를 바란 것이다. (…) 곧 썩어가는 시체들이 공기를 더럽히고 상수도를 오염시켰으며 악취가 극심해졌다. 수천 명 중 한 사람도 타타르 군대의 유해로부터 도망칠 수 없을 지경이었다. (…) 방어 수단을 알거나 찾아낸 이는 아무도 없었다." *The Black Death*, p. 17.

21. Homer, *The Odyssey*, trans. Robert Fagles(New York: Penguin, 2006), XII. 13~15[《오뒷세이아》, 천병희 옮김, 도서출판 숲, 2006, 265쪽].

22. 위의 책, XI. 38~42[같은 책, 240쪽].

23. 〈고린도전서〉, 15장 38, 42, 44절.

24. 이러한 논쟁에 대한 가장 세련된 설명은 캐럴라인 워커 바이넘Caroline Walker Bynum의 연구 *The Resurrection of the Body in Western Christianity, 200-1336*(New York: Columbia University Press, 1995)이다.

25. Rudolf Otto, *The Idea of the Holy*, trans. John Harvey(London: Oxford University Press, 1958), p. 13[《성스러움의 의미》, 길희성 옮김, 분도출판사, 1987, 48쪽].

26. 위의 책, p. 28[같은 책, 69쪽].

27. 이는 고딕소설에 대한 많은 문학 비평의 주제이다. 예를 들어 S. L. Varnado 의 소론을 참조하라. "The Idea of the Numinous in Gothic Literature", in *The Gothic Imagination: Essays in Dark Romanticism*, ed. G. R. Thompson (Pullman: Washington State University Press, 1974), pp. 11~21.

28. 칸트는 《철학적 신학 강의Lectures on Philosophical Theology》에서 이렇게 말한다. "신은 직관적 이해를 통해 선험적이고 직접적으로 만물 그 자체를 안다. 그는 모든 존재의 존재이며, 모든 가능성의 근거이기 때문이다. 우리가 본체의 양상modum noumenon을 안다고 주장할 정도로 우쭐댄다고 해도, 우리는 신과 함께 해야 신성한 관념들에 직접 참여할 수 있다. (…) 현생에서 이것을 기대하는 것은 신비주의와 신지론의 소관이다. (…) 근본적으로 스피노자 철학은 무신론의 한 형식이라고 할 수도 있지만, 위대한 광신이라고 할 수도 있다"(trans. Allen Wood and Gertrude Clark, Ithaca: Cornell University Press, 1978, p. 86).

29. Aristotle, *De Anima*, trans. Hugh Lawson-Tancred(New York: Penguin, 1986), II.1.412a, p. 157[《영혼에 관하여》, 오지은 옮김, 아카넷, 2018, 62쪽].

30. Aristotle, *De Generatione et Corruptione*, trans. Harold Joachim, in *The Basic Works of Aristotle*, ed. Richard McKeon(New York: Modern Library,

2001), I.5.321a.30, p. 489.

31. 위의 책, I.5.321b.36-322a.1-3, p. 490.

32. 오늘날 생명 복잡성, 발달 시스템 생물학, 그리고 여러 인지과학 분파 등의 다양한 입장에서 이런 물음을 제기하고 있다.

33. Maurice Blanchot, *The Writing of the Disaster*, trans. Ann Smock(Lincoln: University of Nebraska Press, 1995), p. 1[《카오스의 글쓰기》, 박준상 옮김, 그린비, 2012, 22쪽].

34. 전체 제목은 다음과 같다. 《네발짐승의 화석 뼈 연구: 지구에서의 혁명이 파괴한 것으로 보이는 몇몇 동물종의 특성에 대한 재확립Recherches sur les Ossemens Fossiles de Quadrupèdes, òu l'on Rétablit les Caractères de Plusieurs Espèces d'Animaux que les Révolutions du Globe Paroissent avoir Détruites》.

35. Georges Cuvier, "Discours Préliminaire," *Recherches sur les Ossemens Fossiles de Quadrupèdes*(Paris: Déterville, 1812), p. 2.

36. Immanuel Kant, "The End of All Things"(1794), in *Religion and Rational Theology*, ed. and trans. Allen Wood and George di Giovanni(Cambridge: Cambridge University Press, 2005), p. 224[〈만물의 종말〉, 《비판기 저작 1: 1784~1794》, 배정호 옮김, 한길사, 2019].

37. 위의 책.

38. Ray Brassier, *Nihil Unbound: Enlightenment and Extinction*(London: Palgrave, 2007), p. 238.

39. Immanuel Kant, "The End of All Things," p. 224.

40. John Scottus Eriugena, *Periphyseon*(*De Divisione Naturae*), Liber Tertius, ed. and trans. I. P. Sheldon-Williams with the collaboration of Ludwig Bieler(Dublin: Dublin Institute for Advanced Studies, 1981), Book III, 633A.

41. Martin Heidegger, *Being and Time*, trans. Joan Stambaugh(Albany: State University of New York Press, 1996), §10, pp. 43~44[마르틴 하이데거, 《존재와 시간》, 이기상 옮김, 까치, 1998, 72쪽].

42. 위의 책, p. 46[같은 책, 76쪽].

43. Emmanuel Levinas, "There is: Existence without Existents," in *The Levinas Reader*, trans. Seán Hand(London: Blackwell, 1990), p. 30[〈존재자 없는 존재자〉, 《존재에서 존재자로》, 서동욱 옮김, 민음사, 2003, 93~94쪽].

44. 위의 책, pp. 30, 32[같은 책, 93, 97쪽].

45. 위의 책, p. 33[같은 책, 100쪽].

46. 포스트모더니티에서 이 전통은 마리오 바바Mario Bava의 〈흡혈귀 행성 Planet of the Vampires〉, 데이비드 크로넨버그의 〈스캐너스Scanners〉, 구로사와 기요시黑沢清, Kiyoshi Kurosawa의 〈큐어Cure〉와 같은 영화에서 확장된다.

"검은 촉수형 진공의 저조파 속삭임"

1. 예를 들어 학제적 학술지인 *Journal of Literary Psychoplasmcs*(volume 4, issue 6)의 "탈-신비The Post-Mystical" 특집(Sonia Haft-Greene 편)에는 이 시와 그 의미에 대한 학술논문들이 실려 있다. [옮긴이: 시는 저자 자신이 지었으며, 이 학술지는 실존하지 않는 듯하다.]

2. John of the Cross, "The Dark Night," in *Selected Writings*, ed. Kieran Kavanaugh (New York: Paulist Press, 1987), II.5, p. 201.

3. 위의 책, I.8, p. 178.

4. John of the Cross, "The Ascent of Mount Carmel," in *Selected Writings*, I.2, p. 63.

5. John of the Cross, "The Dark Night," II.8, p. 203.

6. Georges Bataille, *Inner Experience*, trans. Leslie-Ann Boldt(Albany: SUNY Press, 1988), p. 17. 이탤릭체 강조는 반영하지 않았다.

7. Georges Bataille, "L'Archangélique," *Oeuvres Complètes* III(Paris: Gallimard, 1971), p. 78[《아르캉젤리크》, 권지현 옮김, 미행, 2020]. 영어 번역은 "The Archangelic," in *Collected Poems*, trans. Mark Spitzer(Chester Springs: Dufour, 1998), p. 65에서 발췌했다. 원래 구절은 다음과 같다. "l'excès de ténèbres /

est l'éclat de l'étoile."

8. John of the Cross, "The Ascent of Mount Carmel," I.2, p. 63.

9. Jakob Böhme, *On the Election of Grace and Theosophic Questions*(Whitefish: Kessinger Publishing, 1977), I.3. 《전지全知의 신비 Mysterium Pansophicum》에서 뵈메는 더욱 단도직입적으로 말한다. "무지반은 영원한 무이다 Der Ungrund ist ein ewig Nichts."

10. Arthur Schopenhauer, *The World as Will and Representation* II, trans. E. F. J. Payne(New York: Dover, 1969), p. 573.

11. Arthur Schopenhauer, *The World as Will and Representation* I, trans. E. F. J. Payne(New York: Dover, 1969), p. 124[《의지와 표상으로서의 세계》전면개정판, 홍성광 옮김, 을유문화사, 2019, 189쪽].

12. 위의 책, p. 163[같은 책, 235쪽].

13. 위의 책, p. 124[같은 책, 189쪽].

14. Arthur Schopenhauer, *The World as Will and Representation* II, p. 579.

15. *Dōgen's Manuals of Zen Meditation*, trans. Carl Bielefeldt(Berkeley: University of California Press, 1990) p. 147. 여기서는 가독성을 위해 괄호로 묶은 번역문을 생략했다.

16. Georges Bataille, "La Planète Encombrée," *Oeuvres Complètes* XII (Paris: Gallimard, 1998), pp. 475~477. 이 글은 *La Ciguë* no. 1(1958)에 처음 실렸고, 다음 책에 〈혼잡한 행성 The Congested Planet〉로 번역되어 실렸다. *The Unfinished System of Nonknowledge*, ed. Stuart Kendall, trans. Michelle Kendall and Stuart Kendall(Minneapolis: University of Minnesota Press, 2001). "planète encombrée"는 '어수선한 행성 cluttered planet'으로 번역할 수도 있다.

17. 위의 책, p. 222.

18. 위의 책.

19. Georges Bataille, *The Accursed Share*, Volume I, trans. Robert Hurley(New York: Zone, 1991), p. 21[《저주의 몫》, 조한경 옮김, 문학동네, 2000, 61쪽].

20. 위의 책, p. 20[같은 책, 61쪽]. 앨런 스토클Allan Stoekl은 자신이 저술한 다음의 책에서 이 주제에 대해 고찰하고 있다. *Bataille's Peak: Energy, Religion, and Postsustainability*(Minneapolis: University of Minnesota Press, 2008).

21. 위의 책[같은 책, 60쪽].

22. 위의 책, pp. 20~21[같은 책, 61쪽].

23. Georges Bataille, *Theory of Religion*, trans. Robert Hurley(New York: Zone, 1992), p. 33, 번역은 수정했다[《종교이론》, 조한경 옮김, 문예출판사, 2015, 42쪽].

24. Evelyn Underhill, *Mysticism: A Study in the Nature and Development of Man's Spiritual Consciousness*(Cleveland: Meridian, 1963), p. 4.

25. John of the Cross, "The Ascent of Mount Carmel," p. 57.

26. Henry Annesley, *Dark Geomancy: Mysticism and Politics in the Age of the Old Ones*(Boston: Miskatonic University Press, 2009), p. 4.

27. Evelyn Underhill, *Mysticism*, p. 444.

28. Rudolf Otto, *The Idea of the Holy*, p. 70[《성스러움의 의미》, 길희성 옮김, 분도출판사, 1987, 138쪽].

29. Keiji Nishitani, *Religion and Nothingness*, trans. Jan Van Bragt(Berkeley: University of California Press, 1983), p. 89.

30. 위의 책, p. 95.

31. 위의 책, p. 96.

32. 위의 책, p. 98.

33. 위의 책, p. 101.

34. 위의 책, p. 102.

이 행성의 먼지 속에서

초판 1쇄 발행 | 2022년 8월 15일
초판 2쇄 발행 | 2024년 9월 13일

지 은 이 | 유진 새커
옮 긴 이 | 김태한
펴 낸 이 | 이은성
기　　획 | 김경수
편　　집 | 구윤희
교　　정 | 홍원기
디 자 인 | 파이브에잇

펴 낸 곳 | 필로소픽
주　　소 | 서울시 종로구 창덕궁길 29-38, 4-5층
전　　화 | (02) 883-9774
팩　　스 | (02) 883-3496
이 메 일 | philosophik@naver.com
등록번호 | 제2021-000133호

ISBN 979-11-5783-263-7 93100

필로소픽은 푸른커뮤니케이션의 출판 브랜드입니다.